DISCOURS

PRONONCÉ LE 19 JANVIER 1896

A LA SÉANCE SOLENNELLE DE RENTRÉE

DE LA

CONFÉRENCE DES AVOCATS DE MARSEILLE

PAR

M° LOUIS BORELLI

AVOCAT

*Imprimé en vertu d'une délibération du Conseil de discipline
en date du 7 Mars 1896*

LES

RÉFORMES MONÉTAIRES DE 1873

ET

LEURS CONSÉQUENCES ÉCONOMIQUES

MARSEILLE

TYPOGRAPHIE ET LITHOGRAPHIE BARTHELET ET C°

19, Rue Venture, 19
—
1896

RENTRÉE

DE LA

CONFÉRENCE DES AVOCATS DE MARSEILLE

DISCOURS

PRONONCÉ LE 19 JANVIER 1896

A LA SÉANCE SOLENNELLE DE RENTRÉE

DE LA

CONFÉRENCE DES AVOCATS DE MARSEILLE

PAR

Me LOUIS BORELLI

AVOCAT

*Imprimé en vertu d'une délibération du Conseil de discipline
en date du 7 Mars 1896*

LES

RÉFORMES MONÉTAIRES DE 1873

ET

LEURS CONSÉQUENCES ÉCONOMIQUES

MARSEILLE

TYPOGRAPHIE ET LITHOGRAPHIE BARTHELET ET Cie

19, Rue Venture, 19

1896

LES

RÉFORMES MONÉTAIRES DE 1873

ET

LEURS CONSÉQUENCES ÉCONOMIQUES

———✳———

DISCOURS

Prononcé à la Séance Solennelle de Rentrée de la Conférence
des Avocats de Marseille

———

Monsieur le Batonnier,

Mes chers Confrères,

Depuis vingt-deux ans, nous subissons une crise économique, qui, par son évolution et ses caractères ne présente aucune analogie avec les autres crises qui se sont succédé jusqu'à nos jours et dont l'histoire nous a gardé le souvenir.

La crise actuelle s'est manifestée en 1873, et depuis cette époque elle s'accentue de plus en plus, s'étend à tous les états, et prend chaque jour une acuité

I

**La crise
économique.**

d'autant plus inquiétante que rien ne semble pouvoir l'arrêter dans sa marche.

Le commerce international languit. Partout les exportations et les importations ont fléchi, et le commerce national de chaque Etat, est atteint de la même langueur.

Dans les pays qui se servent de l'or comme monnaie : en France, en Angleterre, en Allemagne, en Belgique, l'industrie et l'agricultu e surtout ont été cruellement éprouvées.

La valeur des terres a considérablement baissé. Dans de nombreux départements, le petit propriétaire, à moins qu'il ne se trouve dans une situation privilégiée ou aux alentours des grandes villes, est obligé de laisser la terre en friche s'il ne peut la cultiver lui-même, car il lui est impossible de trouver dans la vente de ses produits, non pas un prix rémunérateur, mais de quoi même couvrir ses frais.

Le fermier se ruine, et s'il trouve sur la terre qu'il cultive la nourriture nécessaire à sa consommation personnelle, il ne peut parvenir à remplir ses engagements envers le propriétaire foncier.

Il y a des communes dans les départements de l'Est où la situation est telle que des propriétaires ne payent plus l'impôt foncier, et le fisc n'en poursuit pas le paiement, préférant abandonner sa créance plutôt que de provoquer des expropriations qui n'amèneraient aucun résultat, car nul ne se présenterait pour acheter une terre qui ne serait qu'une charge et ne rapporterait aucun profit.

Aussi les paysans quittent-ils en masse la campagne, espérant trouver dans les villes des travaux plus rémunérateurs.

Malheureusement dans les villes, l'industrie, dont les progrès s'étaient développés dans notre siècle plus qu'à aucune autre époque, semble s'être arrêtée dans sa marche ascendante.

Les émissions financières, signe de créations d'entreprises nouvelles, ont diminué rapidement : elles s'élevaient à 12 milliards en 1873, elles atteignent aujourd'hui à peine 4 milliards. Pour des causes qu'il est de notre devoir de rechercher, les débouchés se sont fermés : Les pays où autrefois nous écoulions nos produits, également atteints par la crise, ont dû renoncer à s'approvisionner en Europe. D'autres, par suite de la hausse des changes, se sont trouvés dans une situation extrêmement favorable par rapport aux nations européennes : Ils ont pu créer chez eux des industries rivales et inonder notre marché de leurs produits à des prix de liquidation et de faillite, rendant impossible toute concurrence nationale. Un malaise général s'en est suivi se manifestant par une diminution de la production.

Cette diminution a aggravé la situation des travailleurs. Au moment où, par suite de la crise agricole, les ouvriers des campagnes immigraient dans les

villes et venaient augmenter l'offre du travail, la
demande même de travail diminuait. La diminution
de la production et le nombre croissant des travailleurs ont eu comme conséquences la réduction des
salaires et l'augmentation des heures de travail. Des
conflits ont éclaté entre patrons et ouvriers divisant
plus profondément encore ces deux classes de la
société ; de là, ces grèves, chaque année plus nombreuses, et qui ne sont dues souvent ni à l'excitation
de meneurs politiques, ni aux exigences patronales,
mais dont la cause à sa racine dans une situation
économique désastreuse et indépendante de la volonté
de chacun.

Le capitaliste lui-même n'a pu rester indemne ; les
capitaux ont dû abandonner l'agriculture parce que
les profits y étaient nuls ; ils ont dû abandonner l'industrie par suite de la diminution de la production et
du nombre croissant des faillites ; ils ont dû abandonner le commerce par suite de cette instabilité
perpétuelle due à la crise des changes. Dès lors les
capitaux disponibles sont devenus plus nombreux.
Ils se sont rabattus sur ce que l'on appelle en bourse
les placements de tout repos, rentes d'Etat, obliga-
tions de ville ; et une hausse considérable de ces
valeurs s'en est suivie, hausse qui a permis à la plupart des Etats européens de procéder à la conversion
de leurs emprunts et de réduire l'intérêt de leur dette.
Les valeurs non convertibles ont haussé de façon à

donner 2 0/0 ou 3 0/0 de moins qu'au moment de leur émission : C''est une diminution générale du revenu des capitaux mobiliers.

Ainsi cette dépression a atteint la société dans toutes les classes et dans toutes ses manifestations économiques : Les agriculteurs, les industriels, les commerçants, l'ouvrier, le patron et le capitaliste ; nul n'a pu s'y soustraire. La crise ne s'est pas manifestée seulement en Angleterre, en Allemagne, en France et dans les pays à monnaie d'or; toutes les nations forment comme un seul tout organique dont toutes les parties dépendent les unes des autres, et l'une d'elles ne saurait souffrir sans que les autres n'en ressentent les funestes influences. Mais tandis que chez les premières la crise a été surtout productive, c'est-à-dire industrielle et agricole; chez les secondes la crise a été surtout financière.

Les pays à monnaie d'argent, débiteurs des grandes puissances commerciales ont vu augmenter le poids de leurs charges financières, obligés de dépenser leur vie et leur activité, afin de pouvoir payer seulement les intérêts de leurs dettes, ils se privent du nécessaire pour payer aux autres le superflu. Les Indes exportent chaque année en Europe des quantités considérables de blé, ruinant ainsi nos producteurs indigènes, et les statistiques nous apprennent que dans ces Indes si riches en apparence et qui approvisionnent des nations entières, la famine moissonne chaque année plus de 2 millions d'individus.

D'autres pays ont dû emprunter à nouveau à des conditions exorbitantes et se sont trouvés dans l'impossibilité de faire face à leurs engagements.

La plupart des républiques de l'Amérique du Sud et de l'Amérique Centrale ; en Europe, la Grèce et le Portugal, pour des raisons analogues, ont dû suspendre leurs paiements et ces gigantesques faillites ont eu leur contre-coup dans les autres Etats, engloutissant dans la débâcle de nombreux établissements financiers, les capitaux des riches et les économies des travailleurs.

Recherches faites par les divers gouvernements. La plupart des Etats se sont émus de cette situation, On a voulu rechercher les causes de ce bouleversement général et arriver, par une entente internationale, à mettre un terme à cette désorganisation économique.

Dès 1878, le Gouvernement français réunissait à Paris, sous la présidence de M. Léon Say, une Conférence internationale où furent représentés les pays de l'Union latine, l'Angleterre, l'Allemagne et les Etats-Unis ; les discussions durèrent fort longtemps, mais les délégués ne purent s'entendre. Les uns prétendirent trouver la cause du mal dans une surproduction générale ; les autres, partisans des doctrines bimétallistes, déclarèrent que la crise datait de 1873

et qu'elle ne pouvait avoir sa cause que dans l'abandon du bimétallisme, par les pays de l'Union latine,
la démonétisation de l'argent en Europe et dans le
bouleversement monétaire qui en était la suite. Les
délégués se séparèrent sans avoir pris aucune résolution, mais il est à remarquer que les délégués
anglais, MM. Gibbs, gouverneur de la Banque d'Angleterre, et Goschen, grand chancelier de l'Echiquier,
chargés de plaider en faveur du monométallisme or,
déclarèrent, après la conférence, que la discussion
du Congrès les avait convaincus et convertis au
bimétallisme, et, de retour en Angleterre, se mirent
à la tête du mouvement bimétallique.

En 1881, M. de Normandie provoqua une nouvelle
conférence internationale à Paris; les délégués
furent à peu près unanimes à constater l'existence
du mal et à en attribuer la cause aux troubles apportés dans la circulation par les réformes monétaires
de 1873, et déclarèrent que cette situation devant
motiver l'intervention des pouvoirs publics, il y avait
lieu à des négociations diplomatiques.

Ces deux Conférences ayant donné lieu à de longues controverses, la question fut portée à la tribune:
la diminution des affaires était de 38 p. %, depuis
dix ans, et la diminution du travail atteignait
25 p. %; la discussion ne dura pas moins de sept
séances; toutes les opinions purent s'y faire jour;
mais les débats furent loin d'éclaircir la question.

On nomma alors une Commission, la Commission dite des 44, chargée de faire une enquête.

Malheureusement la plupart des membres de la Commission n'avaient pas une compétence suffisante et leurs travaux s'en ressentirent. Le 11 mars 1884, M. de Lanessan déposa son rapport; d'après lui, on ne se trouvait pas en présence d'une crise réelle, mais d'une situation passée à l'état chronique, née de causes inconnues et dont la fin ne pouvait être entrevue par personne. C'était un procès-verbal de carence.

En Angleterre, la situation économique était encore plus complexe. La crise y était agricole et industrielle dans la métropole et en Irlande, elle était financière aux Indes Britanniques.

Sur une interpellation de la Chambre des Communes, la reine Victoria nomma une Commission (*dépression of trade and industry commission*) composée des membres les plus compétents des Chambres d'industrie et de commerce. Les commissaires furent unanimes à dire que la situation provenait des modifications apportées en Europe au régime monétaire et qu'il y avait lieu de nommer une Commission chargée d'étudier la situation à ce point de vue spécial.

La reine d'Angleterre nomma une nouvelle Commission, la (*Gold and silver commission*) qui publia sur la question les rapports les plus sérieux qui aient été faits jusqu'à ce jour.

La Commission reconnut que la dépréciation générale sur le marché commercial tenait à l'abandon du bimétallisme par les pays de l'Union latine et à la démonétisation de l'argent en Europe, réforme qui avait eu pour effet un renchérissement de la monnaie d'or devenue seule monnaie internationale et, par suite, une baisse générale du prix de toutes les marchandises, y compris l'argent; la Commission reconnut encore que l'argent ayant conservé sa même valeur, et le taux du change s'étant élevé entre les pays à monnaie d'or et les pays à monnaie d'argent, en proportion du renchérissement de l'or, il y avait, par le seul fait du change, bénéfice pour les premiers d'exporter chez les seconds ; impossibilité, en sens inverse, pour les seconds d'exporter chez les premiers. Mais lorsqu'il fallut prendre une détermination sur la réforme à adopter, les six membres monométallistes ayant déclaré qu'ils ne voteraient jamais un ordre du jour tendant à modifier leur système monétaire, aucune résolution ne put être prise à la majorité. Depuis, M. Léonard Courtnay, l'un des six membres monométallistes, imitant l'exemple de MM. Gibbs et Goschen au Congrès international de Paris de 1878, s'est rallié à l'avis des bimétallistes et a été, à la Conférence internationale de Londres de 1894, un des principaux orateurs du parti bimétalliste.

De nouvelles conférences internationales se sont réunies : en 1880 à Paris, en 1892 à Bruxelles, en

1893 à Anvers et en 1894 à Londres (¹). Les opinions les plus diverses y ont été exposées, et si une entente n'a encore pu se faire, du moins les discussions ont démontré l'importance de la question et l'urgence d'une prompte solution.

Mais je pense, Messieurs, qu'il y a lieu, dans l'intérêt de la discussion de faire table rase de toute idée préconçue et de tout raisonnement à priori. L'économie sociale est une science d'observation et non une science mathématique ; dès lors on doit, dans son étude, suivre la méthode d'observation et rejeter le système dont abusent parfois certains économistes classiques et qui consiste à formuler un certain nombre de définitions qu'ils érigent en axiomes infaillibles, et à en tirer des déductions incompatibles avec les faits.

Dans les sciences morales et politiques, il est bien difficile de donner des définitions exactes s'appliquant à tout le défini et au seul défini ; aussi prend-on souvent pour point de départ une définition boiteuse, exacte en apparence seulement, au fond relative et contingente, pour arriver, soit à des impossibilités,

(1) Les 10, 11 et 12 décembre 1895 se sont réunis à Paris les délégués des Ligues bimétalliques françaises, anglaises, allemandes, danoises et autrichiennes, à l'effet de préparer un nouveau Congrès.

soit à des théories simplistes qui, pour ne pas
prévoir tous les cas, et ne pas tenir compte de tous
les faits, amènent la confusion dans les esprits et le
désordre dans les choses.

C'est dans l'étude des faits seuls et non dans des
déductions métaphysiques que l'on peut trouver les
causes de la crise actuelle ; on doit donc observer
les faits, étudier la marche de la crise, son évolution,
ses fluctuations, et, cette étude faite, les causes s'af-
firmeront d'elles-mêmes sans qu'il soit nécessaire de
les chercher.

Au milieu de la désorganisation sociale, un fait
apparaît, indéniable, incontestable et universel, c'est
une baisse générale de tous les prix exprimés en
monnaie d'or, aujourd'hui seule monnaie internationale, baisse des prix de toutes les marchandises,
même de l'argent qui depuis sa démonétisation en
Europe a perdu son rang de monnaie internationale
et est devenu une simple marchandise.

Caractéristique
de la crise.
Baisse des prix.

Ce phénomène a été observé depuis 1873 et cette
date de 1873 est d'autant plus à remarquer que, jusqu'à cette époque et depuis 1848, les prix avaient
haussé graduellement.

Pour étudier les variations des prix, les statisti-
ciens ont créé la méthode dite des *index numbers* ;
elle consiste à faire choix d'un certain nombre de

marchandises des plus importantes et à noter chaque
année les variations de leurs prix ; on exprime par
100 le total des prix de l'année initiale prise comme
terme de comparaison et l'on exprime en fonction de
100 les sommes des prix des autres années.

En France, M. Palgrave a dressé les tables des
variations pour 22 marchandises. MM. Stanley
Jevons et Sauerbeck en Angleterre pour 50,
M. Hector Denis en Belgique pour 28 et en Allemagne M. Soetbeer pour 144 produits ; leurs travaux
concordent exactement. Les prix, après avoir haussé
graduellement depuis 1848 jusqu'à 1878 ont, à partir
de cette époque, baissé graduellement.

Cette baisse a été générale et universelle, se
manifestant à tous les produits, s'étendant à
tous les pays ; les produits agricoles ont été
frappés les premiers, ruinant le paysan et le
propriétaire foncier, véritable cause de la dépopula-
tion des campagnes et de l'immigration dans les
villes ; les produits de l'industrie ont baissé ensuite,
amenant chaque jour de nouvelles faillites et la fer-
meture d'un grand nombre d'usines et de manufactures, et mettant ainsi un nombre considérable
d'ouvriers dans l'impossibilité de gagner leur vie par
le travail.

La baisse des produits industriels et agricoles a eu
pour effets : baisse de la rente pour le propriétaire
foncier obligé de réduire ses fermages et ses loyers ;

baisse du profit pour l'entrepreneur d'industrie, obligé de vendre ses produits à plus bas prix ; baisse des salaires pour les ouvriers que le chômage met en concurrence les uns contre les autres ; baisse enfin de l'intérêt pour le capitaliste qui ne trouve plus d'emploi à ses capitaux mobiliers.

Tel est ce qu'on peut appeler le diagnostic de la crise : dépréciation de tous les capitaux, dépréciation de tous les produits, dépréciation de tous les services. Mais avant d'aller plus avant dans l'examen des faits, il est nécessaire de savoir ce que l'on doit entendre par baisse des prix.

Si l'on demande à quelqu'un ce qu'il appelle prix d'une marchandise, il répondra imperturbablement: le prix est la quantité d'argent que l'on donne en échange d'une marchandise. Lorsque je dis par exemple : une tonne de fer vaut 10 grammes d'or, l'or étant choisi comme monnaie, j'exprime deux choses : 1° que la valeur d'une tonne de fer est égale à la valeur de 10 grammes d'or; 2° que le rapport de valeur de l'or au fer est de 1000 kilog. à 10 grammes. Le prix est donc l'expression du rapport quantitatif d'échange entre la marchandise et la monnaie (¹), et par ce fait il est soumis à toutes les fluctuations de la valeur de la marchandise et de la monnaie.

Si la valeur de la monnaie reste constante et si la valeur de la marchandise varie, les prix varieront

(1) On peut encore définir le prix d'une marchandise : la valeur relative de cette marchandise exprimée en marchandise monnaie.

2

en raison directe. Si, au contraire, la valeur de la
marchandise reste constante et si la valeur de la
monnaie varie, les prix varieront en raison inverse.

La baisse générale de tous les prix exprimés en
monnaie d'or observée depuis 1873 doit donc trouver
sa cause ou dans une baisse de la valeur de toutes
les richesses ou dans une hausse de la valeur du
métal or.

Tel est le problème à résoudre : y a-t-il eu baisse
dans la valeur des marchandises ou hausse dans
la valeur de la monnaie. Les monométallistes or,
représentés en France par les intransigeants de
l'école dite orthodoxe soutiennent la première opinion. Les bimétallistes et les monométallistes argent
soutiennent la deuxième. Pour nous, nous exami-
nerons avec impartialité ces deux hypothèses et
nous rechercherons celle des deux qui peut expli-
quer la crise que nous traversons.

Les variations de la valeur des marchandises
peuvent tenir à diverses causes ; causes intrinsèques,
comme l'augmentation ou la diminution du coût
de production affectant leur valeur normale, causes
extrinsèques, comme les variations de l'offre et de
la demande affectant leur valeur courante.

C'est à ces causes que les tenant du monométallisme or rattachent la baisse des prix et la dépression
de l'activité économique qui en a été la suite, baisse
d'une part des prix des marchandises par suite de la
diminution du coût de production amenée par le

développement des progrès de l'industrie, baisse de
cette même valeur par suite de l'augmentation de
l'offre, c'est-à-dire d'une surproduction générale.

Mais je ne pense pas que ce soient là les véritables
causes. En effet, si depuis 1873 il y avait eu une surproduction considérable et graduelle, capable de
faire baisser les prix de toutes les marchandises
au-dessous de leur valeur normale, on devrait
observer depuis cette époque une augmentation
dans la production de toutes les marchandises,
supérieure à l'augmentation de la production des
années précédentes.

Hypothèse de la surproduction.

De, 1848 à 1873 l'accroissement annuel de la
production a été de 2,8 0/0 par an, si les prétentions
des monométallistes sont exactes, cet accroissement
annuel a dû être supérieur à partir de 1873, date
de la baisse des prix ; or, de 1873 à 1885 l'accroissement annuel de la production n'est plus que
de 1,6 0/0 par an et depuis, cette diminution s'accentue : c'est donc le contraire qui s'est produit.

En fait, aucune surproduction n'a pu être observée :
pour n'en citer qu'un exemple, la production universelle du blé est restée stationnaire de 1891 à 1894,
et le blé a cependant subi une baisse de 30 0/0.

D'ailleurs les crises de surproduction ont une
marche connue et sont de courte durée, et il est

inadmissible de supposer un excès de production de
toutes les richesses à la fois et durant vingt-deux ans :
si les marchés sont encombrés, les prix baissent et
ne rémunèrent plus le travail dépensé, les petits
industriels moins bien armés, n'ayant pas en réserve
les capitaux suffisants, succombent et ferment leurs
usines, les grands industriels limitent leur production, l'offre des marchandises diminue et les prix
remontent alors à leur niveau normal.

Hypothèse du perfectionnement des moyens de travail. L'hypothèse de la surproduction n'explique donc pas
la crise ; elle est de plus en contradiction avec les faits.
C'est aussi le défaut de la théorie de ceux qui attri-
buent cette cause aux progrès de l'industrie et au
développement du machinisme, c'est-à-dire à la
diminution des frais de production.

En effet, s'il était vrai que les progrès de l'industrie
et le développement du machinisme aient pu ainsi
déprimer l'activité économique, on devrait établir
d'abord que ces progrès ont été plus puissants depuis
1873 que dans la période précédente, et qu'une crise
en a été la conséquence.

Or, c'est de 1848 à 1873 que les plus grands perfectionnements ont été apportés à l'industrie par suite
de la découverte de la vapeur et de l'électricité ; que
notamment l'industrie des transports est entièrement
transformée, et a pris un immense accroissement par

la création des chemins de fer et l'application de la
vapeur à la navigation. C'est alors que commencent,
dans la plupart de nos villes, les grands travaux de
construction : de larges voies sont percées, rempla-
çant les rues étroites et tortueuses; les grandes places
et les belles promenades remplacent les anciens
carrefours, de superbes monuments sont élevés,
donnant à certaines de nos villes, l'aspect de petites
capitales. Durant cette période la production a
presque doublé, et nous assistons à une hausse
universelle des prix, à la prospérité générale et à
l'augmentation de la richesse publique.

Depuis 1873 les perfectionnements n'ont pas été
supérieurs; l'initiative créatrice ne s'est pas développée comme dans la période précédente, et les
émissions financières qui sont le signe de la création
de nouvelles industries productives, sont tombées
de onze milliards à quatre milliards seulement ;
les prix ont baissé, et une crise s'est produite.

Il résulte donc des faits qu'à un grand développement dans les moyens de production ont correspondu
une hausse des prix et une prospérité générale, et
qu'à un développement moindre ont correspondu
une baisse des prix et une dépression générale.

Les mêmes causes doivent produire les mêmes
effets; or, comment les progrès de l'industrie
ont-ils pu agir jusqu'en 1873 dans le sens de la
hausse et depuis cette date dans le sens de la baisse?

Comment ces progrès ont-ils pu, dans la période de leur plus grand développement, amener jusqu'en 1873 une prospérité dont nul n'a eu à se plaindre et depuis cette date fatale amener une dépression de l'activité économique ?

En fait, les perfectionnements des moyens de travail ont agi sur la valeur normale des produits dans le sens de la baisse ; mais l'or est aussi un produit du travail et les perfectionnements de l'industrie d'extraction, les nouveaux procédés des traitements de minerai ont agi également sur sa valeur normale, sur sa valeur intrinsèque, dans le sens de la baisse.

Même, dans ces derniers temps, les progrès des industries métallurgiques ont été beaucoup plus importants que ceux des autres industries, notamment que certaines qui sont restées stationnaires. On doit en conclure, toutes choses égales d'ailleurs, que les progrès de l'industrie ont amené une baisse plus considérable de la valeur de l'or que de la valeur des autres marchandises et, par suite, une hausse des prix, alors qu'en fait nous assistons, depuis 23 ans, à une baisse graduelle et générale de tous les prix.

Les prétentions des monométallistes aboutissent donc à des conclusions en contradiction avec les faits.

Si les variations dans la valeur des marchandises n'ont pas eu d'influence déterminante dans les variations des prix, et la crise qui les ont accompagnées, c'est dans la valeur de la monnaie que nous devons trouver les causes principales de ces variations. C'est sur ce point, Messieurs, que je désire appeler toute votre attention.

La valeur de la monnaie, quelles que soient les théories que l'on puisse admettre sur sa nature, varie comme celle des autres marchandises ; elle subit toutes les influences qui peuvent atteindre sa valeur normale, par suite de changement dans son coût de production, ou sa valeur courante, par suite des fluctuations de l'offre et de la demande. C'est que la monnaie est une marchandise, marchandise à laquelle la loi attribue un rôle spécial, mais qui ne peut être qu'une marchandise, son symbole ou sa représentation.

En effet, tout objet, pour être monnaie réelle, doit remplir les trois conditions suivantes : être mesure de valeur, instrument d'échange et moyen de paiement. S'il n'est qu'instrument d'échange ou moyen de paiement, il pourra se substituer à la monnaie réelle pour en remplir certaines fonctions, mais ne sera pas monnaie lui-même.

La cause réelle est dans l hausse de la valeur de la monnaie.

La monnaie — s nature, ses variations de valeur.

Ainsi les lettres de change, les billets à ordre, les billets de banque même qui ne sont d'ailleurs que des billets au porteur et à vue, sont acceptés par tous comme instrument d'échange et moyens "" ; aiement, mais ils ne sont pas monnaie parce qu'ils ne sont pas mesure de valeur.

Il ne peut en être autrement; pour mesurer les valeurs, il faut un objet qui soit valeurlui-même, valeur universelle, de même que pour mesurer les longueurs, il faut une longueur prise comme point de comparaison. Or, dans la Société, la valeur apparaît sous une forme concrète, sous la forme de marchandise; la monnaie doit donc nécessairement être une marchandise, et, par conséquent être exposée à des variations de valeur, variations provenant soit du coût de production, soit des fluctuations de l'offre et de la demande.

Le coût de production dépend de la richesse plus ou moins grande de la mine métallique, et agit sur la valeur de la monnaie en tant qu'il influe sur l'augmentation de la masse monétaire nécessaire aux besoins nouveaux du commerce et de l'industrie.

Les variations de l'offre et de la demande peuvent provenir de diverses causes: causes naturelles, comme l'augmentation ou la diminution de la production du métal, un grand développement dans le commerce et l'industrie; causes positives, comme un changement dans les différents systèmes monétaires. Si tous les

Etats, par exemple, adoptent le même métal comme
monnaie, le métal monnaie haussera ; si au contraire
un certain nombre d'Etats abandonnent tel métal
comme monnaie, ce métal baissera de valeur à moins
que la demande des autres pays soit suffisante pour
rétablir l'équilibre.

Si un pays qui est au régime du papier monnaie
reprend ses paiements en espèces, il lui faut, soit par
des emprunts, soit par des exportations, attirer le
métal monnaie ; la demande augmente et la monnaie
renchérit.

Or, tout porte à croire que c'est dans les variations
de la valeur de la monnaie, dans son renchérissement, amené soit par une diminution de production,
soit par suite de changements dans les différents systèmes monétaires, que nous devons trouver la cause
directe et déterminante de la baisse des prix, caractéristique de la crise actuelle.

Déjà de 1816 à 1848 nous avons assisté à une crise
analogue, par suite d'une raréfaction de la circulation
monétaire.

A cette époque, l'Angleterre, qui depuis les débuts
de sa lutte acharnée contre la France était au régime
du papier monnaie à cours forcé, avait décidé la reprise des paiements en espèce ; cette mesure eut pour
effet d'accroître sensiblement la demande de monnaie

Crise précédente
amenée
par un renchéris-
sement de la
monnaie.

et de produire une contraction sur le marché européen. Une hausse brusque de la valeur de la monnaie s'en suivit : Elle fut telle que ce ne fut que six ans plus tard, en 1821, que la Banque d'Angleterre put effectivement rembourser ses billets.

D'autre part, le commerce et l'industrie qui, pendant les guerres de la République et de l'Empire, avaient subi un arrêt forcé, soit par suite du blocus continental, soit par suite de la diminution de la main-d'œuvre et de l'incertitude de toute entreprise, avaient pris un essor nouveau.

Le stock monétaire existant n'était plus suffisant ; il aurait fallu pour le maintenir au niveau des besoins économiques, une augmentation proportionnelle dans la production de l'or et de l'argent. Malheureusement les colonies espagnoles de l'Amérique du Sud et de l'Amérique Centrale étaient en insurrection : le Pérou, la Colombie, le Mexique s'étaient soulevés contre la Métropole, et nul en Europe ne se souciait d'aller prendre, dans les pays insurgés, le métal pourtant nécessaire à la vie économique. Il se produisit ainsi dans le même temps une augmentation dans la demande de la monnaie par suite de la reprise des paiements en espèces par l'Angleterre et du développement du commerce et de l'industrie, et une diminution de l'offre, par suite de la diminution de la production des métaux monnaies.

Les effets de cette contraction monétaire ne tardèrent pas à se produire. Une baisse graduelle et constante des prix de toutes les marchandises commença ; elle atteignit 30 0/0 en 1848. L'agriculture et l'industrie furent cruellement éprouvées ; les ouvriers durent subir des réductions de salaires, un grand nombre d'industriels ayant fermé leurs usines, beaucoup se trouvèrent sans travail. La crise ne fut pas seulement économique, elle devint sociale. C'est alors que les problèmes de l'organisation de la société furent mis en discussion ; on réclama à grands cris l'égalité politique par le rétablissement du suffrage universel, et l'égalité sociale par la suppression de la propriété individuelle. De tous côtés éclatèrent ces mouvements insurrectionnels qui aboutirent en Europe à la Révolution de 1848.

Sismondi écrivait en 1837 : « Un cri de détresse « s'élève de toutes les villes manufacturières du « vieux monde.

« Partout le commerce est atteint de la même langueur, partout il a la même peine à vendre.

« Voilà cinq ans que ces souffrances ont commencé « à se faire sentir ; loin de s'apaiser, elles semblent « s'accroître avec le temps.

« Les sociétés patriotiques en voie de formation en « Belgique et en Allemagne pour tenir à l'écart les « marchandises étrangères sont le triste symptôme « de cette souffrance universelle.

« Le régime protectionniste qui a acquis tant de

« faveur aux yeux de l'opinion publique est le pro-
« duit de la misère qui se manifeste partout.

« C'est d'une même voix que fermiers et proprié-
« taires se déclarent ruinés ; ils réclament bruyam-
« ment des lois protectrices, des monopoles ; ils
« déclarent ne pouvoir soutenir la concurrence con-
« tre l'étranger et effectivement nombre de fermiers
« ont fait faillite, tandis que nombre de propriétaires
« rabattent spontanément un quart ou un tiers de
« leurs loyers.

« Enfin, les fréquents actes d'incendie commis con-
« tre les récoltes et les biens accusent l'irritation à
« laquelle sont en proie les travailleurs, et la situa-
« tion précaire de la société. »

Telle est, Messieurs, la description que faisait
Sismondi de la crise de 1848. Remplacez incendie par
dynamite et c'est la crise actuelle.

La crise de 1848 frappa toutes les nations européennes ; elle disparut avec les causes qui l'avaient
amenée, lorsque la découverte des mines d'or d'Australie et de Californie doubla presque la circulation
monétaire des pays civilisés.

A la crise succéda une période de prospérité : les
prix des marchandises haussèrent graduellement,
les salaires augmentèrent et cette cherté apparente,
succédant au bon marché de la période précédente
fut le signal d'un réveil dans le monde industriel
et commercial.

Malheureusement en 1873 une nouvelle baisse des prix succéda à la hausse, baisse caractéristique de la crise actuelle comme celle de 1848 et amenée, comme elle, par une contraction de la circulation monétaire, et une hausse de la valeur de la monnaie.

C'est qu'en 1873, il se passa en Europe un fait économique inaperçu, parce que l'on n'en comprit pas alors toute la portée, et que ceux qui la provoquèrent, avaient tout intérêt à ne pas attirer l'attention publique et faire connaître une disposition qui devait révolutionner un ordre de choses établi depuis le commencement du monde.

Fait économique de 1873.

Je veux parler de la démonétisation de l'argent en Europe et de l'abandon du bimétallisme par la France et les pays de l'Union latine.

Système monétaire français jusqu'en 1873. — Il est nécessaire pour comprendre l'importance de cette réforme de connaître notre législation monétaire.

De tout temps et à toutes les époques, toutes les nations s'étaient servi, pour leurs usages monétaires, de l'or et de l'argent dans un rapport de valeur fixé par la loi de sorte que l'argent et l'or pouvaient, en quantité différente, mais dans un rapport fixe, représenter la même valeur et être traité comme une seule et même matière.

La France était au régime monétaire du bimétallisme au rapport de 15 1/2 fixé par le décret de Calonne de 1785, mais en 1790, Mirabeau, épris du système décimal n'ayant pu se faire à l'idée d'un rapport de valeur entre l'or et l'argent de 15 1/2, chiffre trop éloigné du nombre décimal, demanda l'adoption du monométallisme et indiqua l'argent comme étant, par ses propriétés naturelles, le plus propre à servir de mesure des valeurs.

La loi du 28 thermidor an III (13 août 1795) se rangeant à ces idées, décida que l'argent seul serait mesure de valeur, et la pièce de 5 grammes d'argent à 9/10 de fin, unité monétaire portant le nom de franc ; mais comme on ne pouvait enlever tout l'or de la circulation, on autorisa par décret la frappe de pièces d'or pesant 10 grammes et dont la valeur serait fixée au cours du jour. En résumé l'or et l'argent restaient moyens de paiement et instruments d'échange, mais l'argent seul était mesure de valeur c'est-à-dire monnaie réelle.

Le système ne fut pas accueilli avec beaucoup de faveur ; l'argent fut refondu mais il ne fut pas frappé une seule pièce d'or ; les anciens louis continuèrent à circuler au rapport de valeur de 15 1/2 fixé par le décret de 1785. Devant cet insuccès, la Convention nomma un Comité chargé d'étudier la question de l'or et d'examiner s'il y avait lieu de maintenir la loi du 28 thermidor an III, ou de revenir à l'ancien système bimétallique et d'établir un rapport fixe de valeur entre l'or et l'argent.

Après de longues discussions qui ne durèrent pas moins de 7 ans, le comité présenta la loi du 17 Germinal an XI (30 avril 1803) qui a régi la circulation monétaire de la France jusqu'en 1873.

Le comité maintint l'argent comme mesure de valeurs et la pièce de 5 gr. d'argent à 9/10 d'argent fin comme unité monétaire, et comme il avait constaté que depuis 1785 l'or et l'argent étaient toujours sensiblement restés dans un rapport de valeur de 15 1/2 à 1, il autorisait la frappe de pièces d'or valant 20 francs d'argent au rapport de valeur de 15 1/2. La frappe libre et illimitée des deux métaux était admise. Tout possesseur d'argent pouvait porter son métal à l'Hôtel des Monnaies et le faire frapper en pièces d'argent. Tout possesseur d'or pouvait également porter son or à l'Hôtel des Monnaies et le faire frapper en pièces d'or. L'or et l'argent avaient cours légal.

En principe la loi restait monométallique, puisque l'argent seul était mesure de valeur et la pièce de 5 gr. d'argent portant le nom de franc, unité monétaire, et que d'autre part il avait été indiqué dans le projet de loi, qu'au cas où le rapport de valeur de 15 1/2, qui s'était maintenu jusqu'à ce jour, viendrait

à changer et où il y aurait lieu à une refonte de
monnaie à un autre rapport, l'or seul serait refondu.
Mais en fait, l'Etat donnant cours légal illimité aux
deux métaux dans un rapport déterminé, c'était le
bimétallisme.

Ce système fut adopté successivement par la Belgique, l'Italie, la Suisse, la Grèce, l'Espagne, la
Roumanie et la Serbie. Les Etats-Unis étaient bimétallistes à un rapport différent.

L'Angleterre en 1816 adopta le monométallisme
or. L'Asie et les autres puissances d'Europe et
d'Amérique restèrent au régime du monométallisme
argent soit en principe soit en fait.

Tant que la loi du 17 germinal an XI fut appliquée,
la France maintint dans le monde entier le rapport
de valeur de 15 1/2 qu'elle avait adopté entre l'or et
l'argent. Ni les guerres, ni la production exagérée de
l'un ou de l'autre métal, ni les demandes extraordi-
naires de l'une ou de l'autre monnaie ne purent altérer le rapport bimétallique ; il fut prépondérant et
toutes les nations durent s'y soumettre.

Tout allait pour le mieux, lorsqu'à la suite d'un rapport de M. Michel Chevalier, membre de l'Institut, on
agita la question de savoir s'il ne serait pas préférable pour la France d'avoir un système monétaire
basé sur un seul métal. Après avoir parlé de démonétiser l'or au moment de la découverte des mines
d'Australie et de Californie, on parla de démonétiser

l'argent. Les Chambres de Commerce furent consultées ; elles donnèrent un avis défavorable ; les receveurs généraux des Départements également consultés déclarèrent que cette mesure amènerait de grandes difficultés dans les campagnes et troublerait dans les villes un ordre de choses établi depuis longtemps.

Dans les enquêtes qui eurent lieu en 1867, en 1868 et 1870, des financiers et des économistes de premier ordre, M. Rouland, gouverneur de la Banque de France, et à l'unanimité le conseil des Régents, M. Pinard, directeur du Comptoir d'Escompte, le baron d'Eichtal, le baron Alphonse de Rotschild, Ernest Seyd, MM. Pouyer-Quertier et Wolowski, membres de l'Institut, protestèrent contre la réforme projetée.

La déposition de M. de Rotschild fut très précise :

« Le monde, dit-il, ne peut se passer d'aucune « partie de ses capitaux : toutes les estimations sont « basées sur la masse totale des deux métaux l'or et « l'argent, démonétiser l'argent équivaut à la des- « truction de la moitié des capitaux de l'humanité ; « ce sera la ruine du monde ! »

En présence de ces protestations, le projet fut abandonné.

Démonétisation de l'argent. Survinrent alors les événements malheureux de 1870-71 : en exécution du traité de Francfort, la France dut verser à l'Allemagne la somme énorme de cinq milliards.

L'Allemagne était alors monométalliste argent. Sa circulation monétaire s'étant augmentée de près de deux milliards d'or, elle pensa à instituer chez elle le monométallisme or. Le 9 juillet 1873 une loi mit le projet à exécution et décréta la démonétisation de l'argent. Mais il ne suffisait pas d'un simple décret pour métamorphoser en or plus de deux milliards d'argent. On ne pouvait s'adresser aux pays monométallistes argent, ceux-ci n'ayant pas d'or en quantité suffisante pour satisfaire aux échanges ; on ne pouvait s'adresser aux pays à monnaie d'or, ceux-ci n'acceptant pas l'argent en paiement. Restaient les pays bimétallistes qui, seuls, ayant les deux monnaies, pouvaient se prêter à cette combinaison. C'est aux pays de l'Union latine que l'Allemagne s'adressa, c'est-à-dire à la France, car la Suisse ne frappait point d'or, la Grèce et l'Italie n'avaient que du papier monnaie et la circulation de la Belgique n'était que le $\frac{1}{10}$ de la circulation française. On envoyait en France les thalers démonétisés et on les faisait frapper en francs d'argent : avec ces francs d'argent on achetait alors en France des traites payables en or ou on échangeait francs d'argent contre francs d'or.

Dès 1873, les Hôtels de France et de Belgique

furent envahis par les thalers allemands, mais la France n'avait plus alors la situation prépondérante qu'elle occupait avant 1870 ; elle craignit de perdre son or et de voir son crédit compromis. Il y avait deux moyens pour parer au danger.

Le premier conforme à l'esprit de la loi du 17 Germinal an XI était de conserver l'argent comme mesure de valeur et le franc d'argent comme unité monétaire, mais de dénoncer le rapport de 15 1/2 et laisser l'or suivre le cours du change.

Par ce moyen, par suite de la demande d'or des pays allemands, l'or n'étant plus maintenu par la loi bimétallique, aurait haussé de valeur ; il serait arrivé un moment où le métal jaune aurait coûté trop cher et l'Allemagne aurait dû s'arrêter dans un système aussi dispendieux.

On préféra adopter une autre mesure qui ne devait pas tarder à produire de tristes effets, et à justifier pleinement les prévisions de ceux qui déclaraient dans les enquêtes de 1867 et 1870, que la démonétisation de l'argent amènerait dans le monde une crise telle que l'on n'en avait jamais vu jusqu'alors.

La même année où l'Allemagne mettait à exécution ses projets, M. Magne, ministre des finances, sans même consulter les Chambres, limitait la frappe de l'argent. Trois ans après, Léon Say, son successeur, faisait voter une loi l'autorisant à suspendre la frappe par simple décret, et c'est par application de cette

loi que depuis 1877, pas une seule pièce de cinq francs
n'a été frappée en France.

Cette suspension qui, aux yeux des esprits igno-
rants ou aveugles, semblait n'avoir aucune conséquence eut pour résultat : en France, une révolution
monétaire, et dans le monde entier, un renchérissement universel de la monnaie d'or et un bouleversement général des rapports commerciaux d'Etats à
Etats.

En France, nous l'avons dit et il est nécessaire de
le répéter parce que ce sont les principes primordiaux
de notre législation monétaire sur la foi desquels ont
été conclus tous les traités et passé les contrats, la
loi du 28 Thermidor an III et du 17 Germinal an XI
avaient institué comme unité monétaire et comme
seule unité monétaire le franc, c'est-à-dire la pièce de
5 grammes d'argent ; l'argent seul était donc mesure
de valeur, et l'or n'était admis qu'à titre d'instrument
d'échange et de moyen de paiement à la proportion de
15 1/2 que pour faciliter les rapports de créanciers à
débiteurs et maintenir d'une façon stable, la valeur
de l'argent.

En suspendant la frappe libre de l'argent et en
maintenant la frappe libre de l'or, le métal or devenait seul monnaie réelle, le franc d'or, l'unité monétaire. Le métal argent perdait son caractère de
monnaie réelle, et l'argent frappé restant en circulation devenait une sorte de monnaie fiduciaire dans

laquelle le poids et la qualité du métal n'avait pas plus d'influence sur sa valeur, que la couleur ou la grandeur du papier dans un billet de banque ou un morceau de papier monnaie.

C'était un changement complet de notre système monétaire, c'était l'institution en France du mono-métallisme or : la loi avait été présentée de telle façon que, les uns par intérêt, les autres par ignorance, pensèrent qu'il n'y avait là qu'une mesure passagère, une précaution défensive ne pouvant entraîner aucune conséquence fâcheuse; mais on devait savoir bientôt que si la loi avait été rédigée sous des appa-rences trompeuses, c'était afin de ne pas effrayer l'opinion publique, et que ceux qui avaient pris l'initiative de cette mesure savaient parfaitement qu'en limitant et suspendant la frappe libre de l'argent, l'État s'engageait dans une voie dont il ne pourrait plus se retirer et serait obligé d'en venir au monométallisme or intégral.

La France ayant suspendu la frappe libre de l'argent, les pays de l'Union latine adoptèrent la même réforme. C'était la fin du bimétallisme. Le monde se trouva dès lors divisé en pays à monnaie d'or et pays à monnaie d'argent.

L'Allemagne et les pays de l'Union latine étant, par le fait, devenus monométallistes or, les États-

Renchérissemen do l'or.

Unis, les Etats Scandinaves et la Hollande se crurent obligés de suivre leur exemple.

Si à ce moment on avait pu trouver quelque part des quantités d'or suffisantes pour remplacer l'argent démonétisé et si la masse d'or avait pu s'accroître chaque année en proportion de l'augmentation des besoins nouveaux du commerce et de l'industrie, aucune crise ne se serait produite.

Mais où trouver ce métal? Dans les pays à monnaie d'argent, l'or y était trop rare ; dans les pays à monnaie d'or, l'argent n'y avait point cours ; on ne pouvait l'y envoyer pour l'échanger contre de l'or. Sur le marché, tous les Etats étaient acheteurs, nul ne se présentait comme vendeur.

Comme pour aggraver la crise, la production de l'or diminua : les placers Californiens et Australiens étaient épuisés ; il fallut chercher dans la roche même le métal qui se présentait en quantité moindre et exigeait un travail plus considérable. De 1865 à 1870, la production de l'or avait été de 975.000 kilogrammes ; elle tombait de 1871 à 1875 à 869.000 kilogrammes, de 1876 à 1880 à 862.000 kilogrammes, de 1880 à 1885 à 764.000 kilogrammes ; elle a été de 1885 à 1890 de 845.000 kilogrammes.

Nous assistons ainsi à un concours de circonstances ayant pour résultat le renchérissement de la monnaie d'or.

Les pays bimétallistes suspendent la frappe de

l'argent et tarissent ainsi l'une des deux sources alimentant la circulation monétaire, dès lors, ces pays, pour maintenir la circulation monétaire en rapport de l'augmentation annuelle des besoins du commerce et de l'industrie sont obligés d'acheter chaque année une quantité double de métal or, d'où augmentation dans la demande du métal, première cause du renchérissemennt de la monnaie.

Certaines nations démonétisent l'argent et adoptent le monométallisme or. L'Allemagne donne l'exemple, les Etats Scandinaves et la Hollande le suivent. En 1892, l'Autriche entre dans la même voie, d'où nouvelle augmentation dans la demande du métal, deuxième cause du renchérissement de la monnaie.

Enfin, dans le même temps, la masse monétaire ne s'accroît plus en proportion des besoins du commerce et de l'industrie et de la production annuelle du métal monnaie, elle décroît chaque année, d'où diminution dans l'offre du métal or, troisième cause du renchérissement de la monnaie.

La situation est telle que, de 1873 à 1885, la demande seule des Etats-Unis, de l'Allemagne et des Etats Scandinaves dépasse la production totale ; que l'Allemagne et les Etats Scandinaves ont été obligés même pour mettre leur réforme à exécution, de prélever deux milliards sur le stock monétaire en circulation et les Etats-Unis pour plus de la moitié de

cette somme, pour opérer le remboursement de leurs
billets en espèces, et encore ces derniers durent-ils,
pour éviter une crise, frapper, de 1878 à 1894, environ deux milliards et demi d'argent.

On comprend que devant cette demande formi-
dable de métal en trop petite quantité dans la nature
pour satisfaire à la demande, la monnaie d'or augmente tous les jours de valeur sans que l'on puisse
savoir quand cette hausse aura un terme.

On entend cependant dire fréquemment que la
monnaie abonde, que jamais elle n'a été aussi bon
marché. C'est là un fait qu'il est nécessaire d'expli-
quer; en apparence en contradiction avec l'explication
cation monétaire de la crise actuelle, en réalité, il la
confirme.

Par suite de l'incertitude et de la stagnation des
affaires, les capitaux ont abandonné l'agriculture,
l'industrie et le commerce, pour venir se réfugier
dans les banques de dépôt où ils restent sans emploi;
les capitaux-monnaie n'ont pas augmenté, mais les
capitaux disponibles sont devenus plus nombreux :
il en est résulté une baisse du taux de l'intérêt,
c'est-à-dire une baisse dans le prix de location de
l'argent, et c'est en ce sens que l'on peut dire que la
monnaie est à bon marché.

Dans les périodes de grande activité, quand les
entreprises nouvelles se multiplient, les capitaux
sont demandés de tous côtés; l'offre étant insuf-

fisante à satisfaire les demandes croissantes, le taux
de l'argent, c'est-à-dire le prix de location de l'argent
hausse. Au contraire, dans les périodes de dépression, les entreprises nouvelles diminuent et nous
savons que les émissions des Sociétés financières sont
tombées de 11 milliards à 4 milliards seulement;
les anciennes périclitent, les capitaux sont moins
demandés; l'offre restant la même et la demande
diminuant, le prix de location de la monnaie, c'est-
à-dire l'intérêt, diminue.

La baisse de l'intérêt n'indique donc pas une augmentation des capitaux, elle indique seulement une
augmentation relative des capitaux disponibles; elle
est le signe apparent de la stagnation des affaires et
d'un arrêt dans le commerce et l'industrie.

Nous avons vu que la baisse des prix, diagnostic
de cette dépression économique n'avait pu être amenée par une baisse de la valeur des marchandises
due, soit à une surproduction continue, soit à un
plus grand développement des moyens de production ou tout au moins que ces causes n'avaient pu
avoir qu'une influence partielle.

C'était donc dans la hausse de la valeur de la
monnaie, dans la hausse de son pouvoir d'achat que
nous devions chercher la cause déterminante.

Nous avons suffisamment prouvé que cette hausse

1° **Effet du
renchérissement
de l'or.**

s'était produite hors de toutes prévisions, il ne nous reste plus qu'à démontrer comment ces causes ont pu agir sur la situation matérielle du monde entier et amener la crise universelle que nous subissons depuis vingt-deux ans.

On peut se demander, au premier abord, comment un renchérissement de la monnaie peut être aussi préjudiciable au · 'ntérêts de la nation et on entend souvent dire : Supposez que dans un même instant la masse monétaire en circulation dans un pays vienne à se réduire de moitié ; le numéraire existant aura un pouvoir d'achat double, sa valeur d'échange aura doublé, au lieu d'avoir 100,000 fr., je n'en posséderai plus que 50,000, mais avec ces 50,000 je pourrai me procurer la même somme de richesses qu'autrefois avec 100,000 francs. La quantité d'utilités économiques n'aura pas changé et la masse monétaire, bien que réduite de moitié dans sa quantité matérielle, aura conservé la même valeur d'échange, le même pouvoir d'achat. En conséquence, dit-on, la quantité de monnaie n'influe pas sur la richesse et la prospérité des nations. Telle est la thèse soutenue par MM. Leroy-Beaulieu et Michel Chevalier.

Il y a, dans leur manière de raisonner un défaut capital, c'est celui de considérer la société en repos à un moment donné et non pas dans son mouvement et son évolution.

Les faits sont là et prouvent qu'à toutes les époques, à une grande abondance monétaire ont correspondu une prospérité générale, un accroissement dans la production des richesses ; qu'au contraire, à une diminution du numéraire par rapport aux besoins sociaux, a correspondu une dépression économique.

Ainsi, de 1820 à 1848, la production monétaire n'augmente plus en proportion des besoins sociaux et nous assistons à une crise qui frappe toutes les classes de la société et atteint la vie productive dans toutes ses manifestations. Au contraire, de 1848 à 1873, le numéraire afflue dans tous les pays ; les placers de Californie et d'Australie doublent la masse monétaire du globe et nous assistons à un merveilleux développement de l'industrie et du commerce, à la création de nouvelles entreprises, à une augmentation de la richesse publique. Mais l'âge d'or a une fin : en 1873, les Etats-Unis d'Amérique et les principaux états d'Europe retirent à l'argent le rôle de monnaie, la production de l'or décline, la quantité de numéraire ne s'élevant plus en proportion des besoins nouveaux. C'est une crise succédant à la prospérité.

Il ne peut en être autrement ; la baisse et la hausse des prix, qui ne peuvent avoir aucune influence, si on les considère *in abstracto*, ont une influence déterminante dans l'évolution sociale, quand cette baisse et cette hausse ne sont que le résultat d'une

inflation ou d'une contraction monétaire et qu'elles
ont lieu graduellement sans que l'on puisse prévoir
où et quand elles s'arrêteront.

L'industriel qui monte une entreprise, l'agriculteur
qui met des terres en exploitation, achètent les matières premières à des prix déterminés et payent au
cours du jour les ouvriers qu'ils emploient à leur
service. Si, au moment de réaliser leurs produits par
suite de l'abondance monétaire, les prix des matières
premières et les salaires des ouvriers ont haussé de
10 0/0, l'industriel et l'agriculteur n'auront à crain-
dre aucune concurrence de la part d'autres producteurs qui, ayant acheté des matières premières et
payé leurs ouvriers à un prix de 10 0/0 plus élevé,
seront obligés de mettre leur marchandise à un prix
de 10 0/0 plus élevé pour retrouver dans ce prix
leurs dépenses et la rémunération de leurs travaux.

D'autre part, l'argent plus abondant étant répandu
en plus grande quantité et dans un plus grand nombre
de mains, les acheteurs seront plus nombreux et
disposés à acheter à un prix plus élevé ; le producteur pourra donc vendre facilement ses marchandises et réaliser un bénéfice plus important.

La production sera ainsi stimulée. Si une hausse
persiste par suite d'une abondance de la monnaie, les

exploitations agricoles et les entreprises industrielles se multiplieront. La demande de travail augmentera, les salaires hausseront, par suite, les ouvriers pourront se procurer une plus grande quantité de moyens de jouissance et encourageront par ce fait la production. Le commerce international et national, dont le mouvement manifeste l'activité universelle, se développera dans les mêmes proportions. Le capitaliste lui-même trouvera dans l'agriculture, l'industrie et le commerce, le placement avantageux de ses capitaux, l'intérêt haussera à son tour. Telle est la situation amenée par l'augmentation croissante de la monnaie.

Si, au contraire, la masse monétaire ne s'augmente plus en proportion des besoins sociaux, nous assistons à l'évolution inverse. En effet, si, par suite d'une insuffisance de monnaie, il se produit une dépréciation générale et graduelle ni l'agriculteur, ni l'industriel ne pourront vendre leurs marchandises à un prix rémunérateur. Soit un industriel qui a acheté en 1894 des matières premières à 100.000 fr. et qui a dépensé en salaires la somme de 50.000 fr. ; il doit retrouver dans la vente de ses marchandises la somme de 150.000 fr. dépensée, plus la rémunération de son travail. Si, quatre ou cinq mois après avoir effectué ses achats, par suite d'une raréfaction monétaire, les prix des matières premières et les salaires viennent à baisser de 10 %, il se trouvera des industriels qui ne dépenseront plus pour fabriquer la même quantité de marchandises que 135.000 fr. Ces industriels en mettant leurs marchandises en vente au prix de 140.000 fr. feront ainsi un bénéfice de 5.000 fr., mais le premier industriel qui aura dépensé pour la fabrication 150.000 fr. sera dans la nécessité, pour réaliser ses produits, de baisser ses prix au même niveau, il aura donc perdu 10.000 francs. Si la baisse des prix provenant du renchérissement de la monnaie continue, d'autres industriels pourront produire les mêmes marchandises à des prix encore inférieurs et ruiner ainsi les premiers, et le même phénomène continuera à se reproduire en proportion du renchérissement de la monnaie. Et c'est là la situation actuelle.

L'industriel obligé chaque année de céder ses marchandises à vil prix et même au-dessous du coût de production en proportion des dépenses faites et du travail consacré, préfère fermer ses usines et cesser un travail aussi onéreux.

Ceux qui, mieux armés, essaient de continuer leurs entreprises, cherchent, par tous les moyens possibles, à réduire leurs frais de production, mais les prix des matières premières sont fixés par le marché et ne peuvent être réduits. C'est alors sur les salaires des travailleurs que portent les économies. Par suite de la diminution des entreprises et du chômage forcé, les ouvriers se trouvent en concurrence les uns les autres et sont disposés à passer par toutes les conditions du patron, pourvu qu'ils trouvent du travail. On réduit leurs salaires, mais comme les salaires ne peuvent être réduits *ad infinitum* et descendre au-dessous du minimum nécessaire à l'ouvrier pour sa nourriture et son entretien, le patron se rattrape sur les heures de travail. Ce sont les deux seuls moyens d'économie. Économie apparente d'ailleurs pour la société, car elle rejaillit sur le producteur ; l'ouvrier, moins payé, consommera moins et c'est là une nouvelle cause de la baisse des prix de tous les produits qui ne trouvent plus d'acheteurs.

S'il vient un moment où les travailleurs sont lassés de subir à eux seuls les effets de la crise, des conflits, des grèves sanglantes éclatent, parfois d'autant plus graves que le patron, souvent acculé à la faillite, ne peut consentir, dans l'organisation actuelle, aux revendications qui lui sont faites, grèves d'ailleurs dans lesquelles l'ouvrier finit toujours par succomber, et qui n'ont pour résultat final qu'une aggravation de la situation générale.

Avec l'industrie et l'agriculture, le commerce national et international s'est ralenti ; l'activité économique s'est donc trouvée diminuée dans toutes ses manifestations productives.

A un autre point de vue non moins important, les effets du renchérissement de la monnaie ont été désastreux en amenant une aggravation des charges pour tous les débiteurs à terme.

Tous les contrats et les engagements se résolvent en une certaine quantité de monnaie ; or, la valeur de la monnaie varie comme celle des autres marchandises ; si la somme stipulée doit être payée sans terme ni condition, il ne peut y avoir aucune variation sensible de la valeur de la monnaie, entre le jour du contrat et le jour du paiement ; mais s'il s'agit de sommes payables à une époque plus ou moins éloignée, s'il s'agit de rentes perpétuelles, d'annuités ou d'intérêts, la situation est différente.

Si un débiteur emprunte aujourd'hui 100.000 fr. remboursables dans 20 ans et que la monnaie double de valeur dans cet intervalle par suite du renchérissement du métal dont elle se trouve composée, il paiera le double en valeur tout en payant la même somme numérique ; il sera obligé de travailler deux fois plus pour se procurer ces 100.000 francs et avec ces 100.000 francs son créancier pourra se procurer deux fois plus de richesses qu'avec la somme qu'il a réellement prêtée, d'où, double perte pour le débiteur, double gain pour le créancier.

Or, l'or renchérit tous les jours, depuis les réformes néfastes de 1873 ; le débiteur d'une somme fixe voit donc sa dette en réalité s'élever en proportion du renchérissement du métal dont est composée l'unité monétaire.

L'industriel et l'agriculteur n'ont pas toujours les fonds nécessaires à leurs entreprises ; ils doivent recourir à l'emprunt, et il suffit, pour s'en rendre compte, de connaître le chiffre de la dette hypothécaire qui s'élève en France à la somme énorme de 18 milliards. Si sur un immeuble de 100.000 francs, ils empruntent 50.000 francs au taux de 5 %, ils seront obligés de payer chaque année 2.500 francs à titre d'intérêts. S'ils vendent leurs produits 5.000 fr. la moitié du revenu sera absorbée, mais si le métal composant l'unité monétaire renchérit, une baisse de prix de toutes les marchandises se produira infailliblement, elle sera de 50 % si l'or double de valeur ; dès lors, l'industriel et l'agriculteur ne pourront plus vendre leurs produits 5.000 francs mais 2.500 fr., et l'intérêt de la dette absorbera le revenu total. C'est le créancier hypothécaire qui deviendra le véritable propriétaire ; celui qui n'aura rien fait aura tout, celui qui aura travaillé n'aura rien. C'est la ruine de tous les débiteurs à terme : c'est la ruine de l'agriculteur, de l'industriel et du commerçant qui, tous, sont obligés d'avoir recours au crédit, c'est-à-dire à l'emprunt.

Depuis les premiers temps de l'antiquité, la société s'est toujours divisée en deux classes : l'histoire de Rome et d'Athènes nous rappelle les luttes entre créanciers et débiteurs, luttes qui no sont pas éteintes et qui reprennent aujourd'hui, plus aiguës parce qu'elles se sont généralisées et incarnées dans deux mots : le capital et le travail.

Mais dans l'antiquité, toutes les réformes monétaires furent faites au profit des débiteurs.

Solon à Athènes, Agis et Cléomène à Sparte faisaient réduire le poids du métal fin contenu dans la drachme en lui maintenant son nom monétaire ; le débiteur de 1.000 drachmes devait toujours 1.000 drachmes, mais le poids du métal fin étant diminué, la valeur d'acquisition de la drachme était diminué par le fait même ; cette réforme équivalait à une réduction de toutes les dettes.

Les réformes, commencées en France par Philippe Ier et continuées par les Valois quel que soit le but plus ou moins louable poursuivi par ces derniers, eurent le même résultat.

Notre Code civil avait indiqué lui-même dans l'article 1162 qu'entre l'intérêt du prêteur et l'intérêt de l'emprunteur, c'était l'intérêt de ce dernier qui devait primer parce que le débiteur est toujours à la merci du créancier, le travailleur à la merci du financier, le faible à la merci du fort.

Mais ces principes ont semblé surannés aux réformateurs de 1873 et la suspension de la frappe de l'argent a eu le résultat inverse en doublant les charges des débiteurs au profit des créanciers.

Telles sont les conséquences, Messieurs, si l'on considère la situation interne des pays à monnaie d'or : renchérissement graduel de la monnaie d'une part, amenant une baisse lente des prix de toutes les marchandises et une dépréciation des richesses, décourageante pour le producteur, et d'autre part, renchérissement doublant le poids de toutes les dettes au profit des créanciers et au préjudice des débiteurs.

3° Effet du renchérissement de l'or. — Crise des changes.

Si l'on examine maintenant la situation des pays à monnaie d'or dans leur rapport avec les pays à monnaie d'argent, on peut voir que les effets de la dénonciation du bimétallisme n'ont pas été moins graves. La suppression de tout rapport fixe entre l'or et l'argent a amené la crise des changes et rendu plus difficile que jamais les relations commerciales entre pays à monnaie différente.

On sait que les paiements entre négociants de nations différentes, pour économiser les frais de transport du numéraire, se règlent en lettres de change.

Ainsi les négociants français qui ont importé des marchandises anglaises achètent des traites payables en Angleterre et les envoient en payement à leurs créanciers ; ils peuvent se procurer facilement ces traites, parce que les négociants français qui ont au contraire vendu des produits indigènes en

Angleterre, ont tiré des traites sur leurs débiteurs et les ont négociées aux grandes banques internationales.

Entre nations à monnaie commune comme entre la France et l'Angleterre, le prix de ces lettres de change varie avec l'offre et la demande, mais ces variations ne peuvent jamais s'élever au-dessus du prix du transport du numéraire d'un pays à l'autre. Si le taux du change, c'est-à-dire la prime que l'acheteur est obligé de payer pour se procurer ces traites, le jour où ces traites sont trop rares, venait à s'élever au-dessus du coût du transport du numéraire, il n'y aurait plus d'économie et le débiteur aurait avantage à se libérer en envoyant lui-même du numéraire.

Il n'en est pas de même quand les deux pays en relations commerciales ont des monnaies différentes. Avant 1873, la vente-achat de marchandises entre l'Allemagne et l'Angleterre se doublait d'une opération de vente-achat d'or et d'argent. Le débiteur Allemand qui avait à effectuer un paiement en Angleterre, achetait avec sa monnaie nationale, c'est-à-dire en argent, des traites payables en monnaie anglaise, c'est-à-dire en or, et inversement le débiteur anglais qui avait un paiement de marchandises à faire en Allemagne achetait en or des traites payables en argent. Il y avait donc lieu dans le règlement des lettres de change de tenir compte de la valeur relative de l'or et de l'argent. Toutefois, jusqu'en 1873, cette complication fut plutôt théorique que réelle.

Le banquier qui vendait à Hambourg des traites payables sur Londres, le négociant qui les y achetait, les réglaient toujours au rapport de valeur de 15 1/2 entre l'or et l'argent, parce qu'ils savaient qu'en France ils pouvaient, à la faveur du régime bimétallique, acheter en argent des traites payables en or, ou échanger leur argent contre l'or au rapport de 15 1/2 et envoyer à leurs créanciers anglais le métal or, seule monnaie admise en Angleterre.

De même le banquier qui vendait à Londres des traites payables à Hambourg, le négociant qui les y achetait, les réglaient toujours sur la base du rapport de valeur de 15 1/2 entre l'or et l'argent, parce que cette base était celle du change légal en France et qu'il suffisait de s'y rendre pour échanger à ce taux l'une ou l'autre monnaie.

De sorte qu'en fait, il s'était établi entre les pays à monnaie d'or et tous les pays à monnaie d'argent, une sorte de pair de change bimétallique autour duquel oscillait le prix des traites d'un pays sur l'autre, sans que les variations de prix pussent excéder le prix du transport du numéraire d'un pays à l'autre et les frais de conversion.

Tant que la France maintint le bimétallisme à 15 1/2 le rapport adopté fut prépondérant et s'imposa au monde entier. Mais lorsqu'en 1873 la France suspendit la frappe libre de l'argent et devint en fait monométalliste or, l'équilibre fut rompu ; les pays se trouvèrent divisés en pays à monnaie d'or et pays à monnaie d'argent et sans monnaie commune, et aucun lien ne put désormais retenir fixe la valeur relative de l'or et de l'argent.

L'or haussa graduellement sous la demande des pays de l'Union latine, de l'Allemagne, des Etats-Unis, demande disproportionnée avec la production annuelle du métal : l'or valait au kilog. 15 k. 1/2 d'argent en 1873 ; en 1895, il était coté à 32 kilog. à Londres et à Paris.

L'argent n'a pas baissé de valeur, mais l'or a haussé. On a prétendu que c'était l'argent qui avait baissé par suite de l'arrêt de sa frappe libre, mais rien dans les faits ne semble devoir justifier cette assertion.

En effet, si la production de l'argent a pu augmenter, la demande qui en a été faite, soit en Amérique, soit en Asie et dans l'Extrême-Orient, s'est accrue en proportion et même jusqu'en 1893 sa consommation a toujours été supérieure à sa production et il a été nécessaire, chaque année, de prendre sur le stock déjà existant une partie du métal nécessaire à satisfaire aux besoins nouveaux du monnayage et de l'industrie.

D'ailleurs, ce qu'il faut observer surtout dans l'étude des variations de la valeur relative de l'or et de l'argent, c'est la proportion de l'augmentation de la production des deux métaux. La production maximum du métal blanc a été celle de l'année 1893, où elle a atteint le chiffre de 5 millions de kilog. et la moyenne de la production annuelle de 1493 à 1850, époque pendant laquelle le rapport de 15 1/2 s'est maintenu a été de 416,000 kilog., la production actuelle est donc douze fois plus considérable que celle d'autrefois.

La production de l'or a atteint l'année dernière 274,000 kilog., alors que, de 1493 à 1850, elle n'atteignait que 13,000 kilog.; l'augmentation est donc vingt fois plus considérable. L'or a augmenté et augmente donc en plus grande proportion que l'argent; sa valeur aurait donc dû baisser par rapport à l'argent et c'est l'argent qui aurait dû hausser.

D'autre part, si l'argent avait réellement baissé de valeur, on aurait dû observer une hausse des prix dans l'Amérique du Sud, au Mexique, en Orient et dans tous les pays à monnaie d'argent. Il n'en a rien été. Les consuls français, anglais et allemands n'ont pu observer dans ces pays aucune hausse des prix et leurs rapports ont été confirmés aux Congrès internationaux par les représentants de toutes les puissances à monnaie d'argent.

Les faits démontrent donc qu'en réalité la valeur de l'argent est restée stable et n'a pas été influencée par l'arrêt de sa frappe libre dans les pays de l'Union latine, l'Allemagne et les Etats-Unis, et que si la valeur relative des deux métaux s'est élevée de

15 1/2 à 32, c'est par suite de la demande extraordinaire de l'or et de son renchérissement hors de toute proportion, et non par suite d'une baisse de la valeur de l'argent.

Faillite des États à monnaie d'argent.

Les pays à monnaie d'argent dont la civilisation s'est surtout développée vers le milieu de ce siècle, ayant dû, pour construire leurs ports, leurs routes et leurs chemins de fer, recourir à l'emprunt, c'est aux grandes banques de France et d'Angleterre qu'ils durent s'adresser. Les emprunts furent négociés en or et les intérêts devaient être payés en même monnaie.

Jusqu'en 1873, les intérêts furent payés régulièrement. Pour s'acquitter, ces pays exportaient leurs produits dans les Etats créanciers et envoyaient en paiement à leurs créanciers, les traites tirées sur leurs acheteurs. Ces traites payables en or se négociaient en argent dans les pays d'origine sur la base du change bimétallique français. Si les exportations ne suffisaient pas, leur argent ayant cours légal en France, ils pouvaient payer leurs créanciers français avec leur monnaie nationale. Pour payer leurs créanciers anglais, ils pouvaient s'adresser à la France bimétallique, y acheter des traites payables en Angleterre et les envoyer en paiement à leurs créanciers ou bien y acheter de l'or au rapport de 15 1/2 et effectuer leurs paiements en espèces.

Lorsque la frappe libre de l'argent fut suspendue en France, l'opération ne fut plus possible ; l'or haussa graduellement de 30 0/0, 50 0/0, 100 0/0 par rapport à l'argent ; il leur fallut pour se procurer la même somme d'or produire et vendre davantage en proportion de l'élévation du change et dépenser en argent 30 0/0, 50 0/0, 100 0/0 de plus, si bien que, peu à peu, ces nations n'eurent plus même d'argent pour se procurer l'or nécessaire à payer leurs intérêts : ils durent recourir alors au papier monnaie qui est aujourd'hui le système monétaire de la plupart des pays de l'Amérique du Sud.

Le change qui était au pair bimétallique français avant 1873, monta d'abord avec le prix de l'or exprimé en argent, et lorsque les pays débiteurs eurent épuisé leur stock d'argent et furent obligés d'émettre du papier monnaie, il atteignit un taux exorbitant. Au cours d'hier (17 janvier 1896) le change était 270,83 0/0 au Brésil, 271,73 0/0 au Chili, 329,60 0/0 dans la République Argentine, c'est-à-dire qu'un débiteur brésilien, débiteur de 100 francs en France doit payer 270 fr. 83 de sa monnaie pour se libérer ; s'il est Chilien 271 fr. 73 et s'il appartient à la République Argentine 329 fr. 60 de sa monnaie, soit près de quatre fois plus. Les Etats débiteurs ont trouvé leurs créanciers trop exigeants.

En 1891, le Portugal, dont la circulation monétaire avait toujours été au pair de l'or, dut, à la suite de diverses crises financières, subir un change de 30 0/0. Le Portugal payait 56.700,000 fr. d'intérêts à ses créanciers extérieurs français et anglais ; l'agio sur l'or en s'élevant à 30 0/0 lui imposait une augmentation de charge de 17 millions. Les Portugais ne voulurent pas être dupes des manœuvres de leurs créanciers ; ils réduisirent leur dette au tiers et ne payèrent plus que 18,990,000 fr., soit pour leurs créanciers une perte de 66 0/0. La Grèce imita son exemple.

En Amérique, en 1889, la République Argentine avait suspendu le paiement de sa dette extérieure et les autres Républiques de l'Amérique du Sud et de l'Amérique Centrale ont trouvé ce système fort simple, et il n'en est pas une, à part le Mexique, qui, dans le courant de 1894, ait acquitté intégralement les intérêts de leurs dettes.

On évalue à 15 milliards les pertes occasionnées par ces gigantesques faillites, dont deux milliards à la charge des créanciers français.

On disait autrefois que le change était favorable à un pays lorsque le change tombait au-dessous du pair, lorsqu'avec 80 francs de monnaie nationale on achetait 100 francs de monnaie étrangère, et défavorable lorsque le change était au-dessus du pair, lorsqu'avec 100 francs de monnaie nationale on achetait 80 francs de monnaie étrangère ; mais les créanciers du Portugal et des Républiques Américaines ont pu s'apercevoir que ce n'était pas là une vérité absolue.

Et si l'on entre plus avant dans l'étude des rapports économiques des nations, on s'aperçoit que le principe inverse est l'expression de la vérité, et qu'en réalité, le change favorable ruine les pays qu'il semble favoriser, et le change défavorable profite au contraire aux pays qui le subissent.

Effets désastreux du change.

Supposons un moment deux marchandises produites par deux pays dont l'un A a une circulation d'or, l'autre B une circulation d'argent. Supposons deux marchandises produites dans les mêmes circonstances et dans des conditions absolument identiques et coûtant 1000 francs au prix de revient, somme au-dessous de laquelle le producteur ne peut vendre sans subir une perte.

Avant 1873, par suite du fonctionnement de la loi bimétallique française 1 kilogr. d'or valait 15 kilogr. 1/2 d'argent, le franc d'or était égal à 1 franc d'argent, 1000 fr. d'or valaient 1000 fr. d'argent. Les pays A et B pouvaient exporter mutuellement leurs marchandises et les vendre au même prix.

Aujourd'hui la situation est changée le franc d'or vaut 2 francs d'argent et le change est sensiblement à 200 0/0 entre les pays à monnaie d'or et ceux à monnaie d'argent.

Si, le fabricant du pays A veut exporter ses marchandises dans le pays B, il devra les vendre au prix de 1000 francs d'or pour rentrer dans ses frais, et pour retirer 1000 francs d'or il devra exiger 2000 francs d'argent, c'est-à-dire 2000 francs en monnaie du pays B. Or, comme dans le pays B, les mêmes marchandises continuent à être vendues au prix de 1000 francs d'argent, les producteurs A se trouveront dans l'impossibilité de vendre, ou bien ils devront baisser les prix de 50 0/0, vendre à 1000 francs d'argent, mais ces 1000 francs d'argent ne représentant que 500 francs d'or, ils subiront une perte de 50 0/0.

En sens inverse, si le fabricant du pays B veut exporter ses marchandises dans le pays A, il lui suffira de les vendre à 500 francs d'or, puisqu'avec 500 francs d'or il pourra se procurer 1000 francs d'argent et rentrer ainsi dans ses fonds. Ses marchandises pourront donc être vendues dans les pays au pair de l'or à moitié prix des produits similaires et ruiner le producteur indigène. S'il les cède à 750 francs dans le même pays, il retirera 1500 francs en monnaie d'argent et fera ainsi un bénéfice de 500 francs, soit de 50 0/0 mais en même temps il forcera les pays importeurs de baisser les prix des produits similaires importés et à subir une perte de 250 francs soit de 25 0/0.

Il en est de même dans les pays à monnaie de

papier à cours forcé représentant une circulation argent et dans les autres d'ailleurs où le taux du change, c'est-à-dire la dépréciation extérieure de la monnaie par rapport à l'or ne représente pas une dépréciation réelle et intérieure.

L'élévation du change bénéficie donc aux pays à monnaie soi-disant dépréciée en favorisant leurs exportations, c'est-à-dire en stimulant la production.

Mais jusqu'à quel point le change constitue-t-il un avantage ? C'est là un point difficile à déterminer exactement.

Entre les pays au pair de l'or et ceux à monnaie d'argent le change est fixé par la cote de l'argent à Londres : la prime à l'exportation serait représentée par l'agio même de l'or, si aucune dépréciation ne s'était produite chez les premiers par suite du renchérissement de la monnaie d'or ; elle serait nulle si les prix de tous les produits y avaient baissé, par suite de ce renchérissement, dans les mêmes proportions que l'argent.

Or, lorsque dans un pays, la monnaie hausse de valeur, suivant une loi économique bien connue, tous les prix ne baissent pas également et dans les mêmes proportions, parce que les prix sont déterminés par deux éléments variables, la valeur de la monnaie et la valeur des marchandises ; et, si des causes peuvent faire varier la valeur de la monnaie, d'autres causes peuvent influer sur la valeur des

marchandises et atténuer ou précipiter ainsi la baisse
de leurs prix, résultant d'un renchérissement de la
monnaie.

En fait, les prix de toutes les marchandises n'ont
pas baissé dans la même proportion que le prix de
l'argent.

Rien n'arrête la baisse du prix de l'argent : toute
hausse de la valeur de l'or se manifeste sur le marché
directement par une baisse du prix de l'argent, et
les grands financiers, maîtres du marché des monnaies, créanciers en or des pays à monnaies d'argent,
ont tout intérêt à précipiter cette baisse désastreuse
pour leurs débiteurs qui seront réduits à l'emprunt
dont ils seront seuls à bénéficier.

Au contraire, une résistance tend à retarder la
baisse du prix des marchandises. L'industriel qui a
dépensé par exemple 100.000 francs dans la fabrication de ses produits doit retrouver dans leur vente
la somme dépensée. Si un renchérissement de la
monnaie tend à amener une baisse des prix, il ne
consentira une réduction préjudiciable à ses intérêts
que contraint et forcé, lorsqu'il comprendra l'inutilité
de maintenir ses prix à un chiffre juste, puisqu'il
représente exactement le coût de production, mais
trop élevé, étant donné la situation des acheteurs.
Aussi la baisse des prix des marchandises se produit-
elle lentement et, sauf rare exception, postérieure-
ment à celle de l'argent.

D'autres parts toutes les marchandises n'ont pas baissé également, et dans les mêmes proportions ; si la moyenne a atteint 46 0/0 depuis 1873, le blé durant la même période a baissé de 66 0/0 tandis que d'autres marchandises et d'autres produits comme la viande et le beurre n'ont subi aucune dépréciation.

Il en est de même des salaires : l'ouvrier habitué à recevoir une somme fixe n'accepte pas sans récriminer une réduction de salaires, il menace son patron d'une grève, et le patron auquel une grève peut porter un grave préjudice, hésite avant de prendre une détermination qui, dans un temps de crise, peut amener sa faillite ou sa liquidation.

Or, c'est le prix de l'argent coté à Londres qui fixe le taux du change entre les pays à monnaie d'or et ceux à monnaie d'argent. La prime d'exportation résultant du change sera donc constituée pour chaque produit par la différence entre le taux du change, c'est-à-dire la baisse du prix or du métal argent et la baisse du prix du produit similaire dans le pays au pair de l'or, en tant que cette baisse résulte d'un renchérissement du métal jaune.

La situation est un peu différente dans les pays au régime du papier monnaie à cours forcé parce que l'émission du papier monnaie dépasse généralement la quantité de numéraire qu'il doit représenter et subit par conséquent une dépréciation intérieure.

La prime d'exportation pour ces pays sera repré-

sentée par la différence entre le taux du change,
c'est-à-dire la dépréciation extérieure de la monnaie
papier, et sa dépréciation intérieure si les produits
similaires étrangers n'ont subi aucune baisse de
prix depuis la hausse des changes ; et, dans le cas
contraire, en défalquant du chiffre ainsi obtenu le
chiffre représentant la baisse du prix du produit
similaire dans le pays importateur, en tant que cette
baisse résulte d'une hausse de la valeur de l'or.

Cette prime plus ou moins élevée suivant les pays
et les produits, constitue un avantage réel et explique
le développement prodigieux du commerce et de
l'industrie des Etats à monnaie soi-disant dépréciée.

Les Indes qui envoyaient autrefois en Angleterre
leurs cotons bruts pour y être ouvrés, ont créé chez
elles des filatures rivales, ruinant Manchester et les
autres villes manufacturières de la Métropole.

Ses exportations de blé se montaient en 1873 à
19.000 tonnes, elles s'élevaient graduellement à
173.000 tonnes en 1878, à 459.000 tonnes en 1883
et à 910.000 en 1893 (¹).

Au Mexique les exportations s'élevaient en 1873 à
6.320.206 dollars ; depuis elles se sont élevées à
12.178.938 dollars en 1883, à 30.948.794 dollars
en 1893 et à 32.858.027 en 1894.

---

(1) Ces chiffres et les suivants ont été empruntés aux études
de M. Edmond Théry, publiées par l'*Économiste Européen*.

Dans la République Argentine, de 1873 à 1887, les exportations avaient déjà augmenté de 80 0/0 ; de 1887 à 1892 c'est-à-dire dans la période de quatre ans où le change a pris des proportions invraisemblables, elles augmentaient de 90 0/0, et les Argentins attribuaient si bien la cause de ce développement à l'élévation du change, que l'année dernière le change étant tombé de 260 0/0 à 240 0/0 la Chambre de Commerce de Buenos-Ayres s'adressa au Président de la République pour se concerter et prendre avec lui les mesures nécessaires à empêcher toute nouvelle baisse.

Le change agit donc comme une prime à l'exportation, un encouragement à la production dans les pays à monnaie soi-disant dépréciée ; mais en sens inverse il agit dans ces pays comme une sorte de droit d'entrée à l'importation, en grevant tout paiement à effectuer dans les pays au pair de l'or d'un droit supplémentaire équivalent à la prime de l'or.

Si un Mexicain achète une marchandise 100 francs à Londres ou à Paris, il doit payer 197 francs de sa monnaie nationale, soit 97 0/0 de plus; si l'acheteur appartient à la République Argentine, il devra payer 329 francs de sa monnaie, soit 229 0/0 de plus.

On comprend facilement que dans ces circonstances les nations à monnaie dépréciée cessent de

5

s'adresser aux nations au pair de l'or pour créer
chez elles des industries rivales et se passer du
concours d'Etats trop exigeants.

Aussi les exportations françaises dans ces pays ont-
elles diminué rapidement en proportion inverse de
l'élévation du change.

Au Mexique les exportations françaises s'élevaient
en 1889 à 28 millions, elles tombaient à 22 millions
en 1892, à 19 millions en 1893 et dans le courant de
1894 elles baissaient encore dans les mêmes proportions.

Aux Indes Britanniques elles ont baissé de 14 0/0
pendant la même période.

Dans la République Argentine, les importations
françaises s'élevaient à 170 millions en 1887, elles
tombaient en 1894 à 60 millions, soit une diminution de 70 0/0.

Pour résumer la situation, il suffit d'indiquer que
de 1889 à 1894, malgré les dispositions prohibitives
du bill Mac-Kinley, les exportations françaises aux
Etats-Unis n'ont baissé que de 1/2 0/0, mais que
l'élévation du change a fait baisser de plus de 30 0/0
les exportations françaises dans les pays à monnaie
d'argent.

Le change stimule donc la production dans les pays
à monnaie d'argent et la protège également contre
la concurrence étrangère avec une efficacité plus
grande que les tarifs douaniers les plus excessifs.

Il est donc bien exact de dire que le change dit défavorable profite aux pays qui le subissent, et le change dit favorable ruine au contraire les pays qu'il semble favoriser.

Les pays au pair de l'or en ont fait la triste expérience. Les chiffres indiqués plus haut sont suffisamment éloquents et dispensent de tout commentaire, et l'état de notre agriculture et de certaines de nos industries doit ouvrir les yeux aux monométallistes les plus endurcis.

D'une part, le change, en agissant comme une sorte de droit d'entrée dans les pays à monnaie d'argent, met les pays au pair de l'or dans l'impossibilité d'exporter leurs marchandises chez ces derniers et les oblige à réduire leur production.

Mais sur leur propre territoire, le change permet à ces nations de vendre leurs produits à des prix de faillite, auxquels ne peuvent descendre les producteurs indigènes.

Le blé revient à Buenos-Ayres à 13 francs l'hectolitre en monnaie argentine. Mais le change étant à 220 0/0, il suffit au producteur indigène de tirer sur son acheteur français, allemand ou anglais une traite de 3 fr. 90 payables en monnaie d'or pour rentrer dans ses fonds.

Ces blés pourront donc être vendus sur le marché français, droits de douane et frais de transport compris à 10 francs ; or le blé revient en France dans les

terres les plus riches à 18 francs : on voit ainsi si les
producteurs français et argentins se trouvent sur un
pied d'égalité.

Aussi l'Argentine qui n'exportait en 1889 que
22,500 tonnes de blé en Europe, exporte actuellement 1.806.000 tonnes, au détriment des producteurs
des pays au pair de l'or.

Les résultats sont tels que certaines industries,
la France et l'Angleterre, bien que placées dans
de meilleures conditions et jouissant d'avantages
importants, sont dans l'impossibilité de soutenir la
concurrence.

Dans l'industrie des soieries, les procédés Pasteur
permettent en France d'élever et d'exploiter les espèces de vers-à-soie les plus productives, exigeant en
même temps moins de main d'œuvre. Au Japon où
ces procédés n'ont pas encore été introduits, on
élève des espèces donnant un rendement inférieur
d'environ 50 0/0. Le coût de revient au Japon est
donc plus élevé qu'en France et les soies japonaises
ne devraient pas pouvoir soutenir la concurrence.
Grâce au change le contraire se produit. La même
soie revenant 100 fr. en France revient environ
150 fr. au Japon, mais 150 fr. de monnaie japonaise
valent 75 fr. de monnaie française, de sorte que
les soies japonaises peuvent être vendues 75 fr. en
France, c'est-à-dire meilleur marché que les soies
françaises et y supplanter notre industrie nationale.

Le même fait semble devoir se produire dans l'industrie des constructions navales. Autrefois les nations orientales s'adressaient aux chantiers français et anglais où les perfectionnements de l'industrie atteignent leur maximum. Les rôles sont aujourd'hui renversés : les Compagnies de navigation anglaises désertent aujourd'hui les chantiers de Hull et de Liverpool et vont faire réparer leurs navires dans l'Extrême-Orient. Et l'année dernière le gouvernement français ayant fait construire une canonnière à Haïphong (Tonkin), déclarait avoir réalisé une économie de 70,000 francs par le seul fait du change.

On semblerait voir là un commencement de la décadence ou tout au moins une diminution de l'influence des Etats qui jusqu'à ce jour ont été à la tête de la civilisation.

La hausse des changes a atteint doublement l'activité productive des pays à monnaie d'or, leur fermant des débouchés et favorisant dans des proportions importantes la concurrence des pays à monnaie d'argent.

Cette situation, en agissant sur la demande des produits des grandes puissances européennes, a accéléré et précipité la baisse des prix résultant déjà dans ces pays d'une contraction monétaire, elle a atteint la production même et aggravé surtout la situation de ceux qui, n'ayant pas d'autres ressources que leur travail, se trouvent sans emploi et dans l'impossibilité de se procurer les moyens nécessaires pour subvenir à leurs besoins.

Tarifs rectificatifs des changes. On a cherché à pallier les effets de la hausse des changes par des droits prohibitifs. M. Edmond Caze, député de la Haute-Garonne, avait, le 20 décembre 1893, déposé à la Chambre un projet de loi tendant à frapper, en outre des droits inscrits au tarif général des douanes, une surtaxe équivalente à la prime d'exportation résultant pour le produit importé de la prime de l'or sur la monnaie du pays d'origine.

Ce projet aurait offert l'avantage d'atténuer la crise des changes en mettant les produits de toute provenance sur un pied d'égalité; il est malheureusement difficilement praticable et présenterait des inconvénients au point de vue de la réciprocité.

En effet, le taux du change ne représente pas exactement la prime d'exportation. La prime d'exportation résulte, pour chaque marchandise, entre les pays à monnaie d'argent et les pays à monnaie d'or, de la différence entre la baisse du prix or du métal argent et la baisse du prix du produit similaire dans le pays à monnaie d'or, en tant que cette baisse provient du renchérissement de la monnaie. Dans les rapports avec les pays à monnaie de papier, il faut tenir compte d'un nouveau facteur, la dépréciation réelle et intérieure du papier monnaie qui doit être déduite du change dans le calcul de la prime d'exportation.

Mais comment distinguer la dépréciation extérieure d'une monnaie et sa dépréciation intérieure ? Comment déterminer exactement la baisse des prix résultant du renchérissement de la monnaie et celle résultant d'autres causes, d'une crise, d'une surproduction passagère, des découvertes industrielles ou d'une meilleure organisation du travail ? Il serait de plus nécessaire de procéder chaque jour à de nouveaux calculs, pour fixer la prime d'exportation résultant au profit des nations à monnaie dépréciée.

Il faudrait, enfin, établir un régime différentiel suivant les nations, car le change varie suivant les pays dans des proportions considérables et il suffirait aux négociants de faire passer leurs marchandises par un tiers Etat pour éviter la surtaxe.

Enfin, on risquerait fort de voir les nations contre lesquelles de pareilles mesures seraient prises, user de représailles et rendre toute relation internationale impossible. C'est avec raison que le projet de M. Caze fut repoussé par le corps législatif.

Ce système, d'ailleurs, même s'il avait pu être pratiqué, aurait pu pallier certains effets de la crise des changes, mais n'en aurait pas supprimé les causes et aurait laissé la question tout entière.

III

Les remèdes.

La crise s'est manifestée par une baisse générale de tous les prix, par l'aggravation des rapports de débiteurs à créanciers, et la disparition de moyens d'échange communs entre les différentes nations: la cause en est monétaire, le remède doit être monétaire.

Or, toute législation monétaire se résout en trois systèmes : le monométallisme or, le monométallisme argent et le bimétallisme.

Le monométal- lisme or. Il est à peine utile de parler du monométallisme or. Ce système a fait ses preuves. Son adoption de fait par les Etats-Unis et par quelques Etats européens est la cause de la crise que nous traversons, et, voudrait-on le généraliser, la chose serait impossible.

L'Allemagne, après avoir perdu plus de 100 millions en démonétisant ses thalers, a dû s'arrêter, en 1879, dans sa réforme et garder encore près d'un milliard d'argent en circulation dont 6 ou 700 millions à cours légal illimité.

La France a environ 5 milliards d'argent en circulation en tenant compte de l'encaisse métallique de la Banque de France; elle n'a pas osé commencer cette démonétisation.

Les Etats-Unis qui, en 1873, ont repris les paiements en espèces et ont voulu, à l'instar de l'Angleterre, instituer chez eux le monométallisme or, ont échoué complétement. Non seulement ils n'ont pu démonétiser leur argent, mais encore de 1878 à 1893, date de l'abrogation de la loi Sherman, ils ont dû frapper, pour éviter une crise, deux milliards et demi d'argent, et le gouvernement déclarait cette année même, à l'ouverture du Congrès, qu'un emprunt de deux milliards et demi s'imposait pour rembourser complétement les billets émis pendant la guerre de Sécession.

Ces trois puissances devraient donc acheter plus de dix milliards d'or pour avoir une circulation entiérement monométallique.

Or, si le seul fait par ces trois puissances de suspendre la frappe de l'argent a eu pour effet de doubler la valeur de l'or et d'amener une crise économique s'aggravant tous les jours de plus en plus, on peut se demander quel effet exercerait sur le marché une demande brusque de dix milliards de métal jaune.

Et si toutes les autres nations entraient dans la même voie, si les Etats d'Orient, de l'Amérique Centrale et de l'Amérique du Sud démonétisaient leur argent et y substituaient l'or, que feraient les Etats de l'argent qu'ils possèdent? Sa valeur tomberait à rien s'il était universellement démonétisé; ce serait donc une perte d'autant pour les Etats. Et enfin où trouvera-t-on les montagnes d'or nécessaires à la réforme, si tous les Etats se présentent comme acheteurs et nul comme vendeur? A quel prix fabuleux le métal monterait-il ? Ce serait une hausse fantastique qu'il est impossible de calculer.

L'établissement du monométalliste or est donc impossible.

Le monométallisme argent.

Il n'en serait pas de même du monométallisme argent, d'ailleurs, en droit, le système légal de la France, car ainsi que je l'ai dit et répété, nos lois constitutionnelles ont donné à l'argent et à l'argent seul, la fonction de mesure de valeur.

La loi du 28 thermidor an III avait institué comme unité monétaire la pièce de 5 grammes d'argent à 9/10 d'argent fin à laquelle elle avait donné le nom de franc.

La loi du 7 germinal an XI, tout en revenant à la monnaie bimétallique, avait renouvelé ces mêmes dispositions :

« *Cinq grammes d'argent au titre de 9/10* « *constituent l'unité monétaire portant le nom* « *de franc.* »

Enfin, la loi du 14 juillet 1866, approuvant la convention de l'Union latine, loin de déroger à ces principes dit expressément: « *Il n'est pas dérogé* « *aux dispositions de la loi du 7 germinal an XI,* « *en ce qui concerne la définition du franc comme* « *base du système monétaire français.* »

L'unité monétaire était donc la pièce de 5 grammes

d'argent, le franc d'argent et non une pièce d'or du poids baroque de 0gr. 32,258.

Ce système, au point de vue juridique entièrement conforme à notre législation monétaire, a été soutenu en France avec un talent remarquable par M. Desonnais dans son journal « *Le Stentor* » créé pour la vulgarisation de la question monétaire, et par M. le marquis de Morès dans une étude approfondie « *Le secret des changes* » publiée par la revue le « *XXᵉ Siècle* ».

Leurs études semblent avoir trouvé un écho à la Société des Agriculteur de France qui, dans son assemblée de 1895, votait un ordre du jour en faveur du retour à la loi du 28 thermidor an III, et aux Etats-Unis où après avoir voulu appliquer intégralement le monométallisme or, un parti important demande aujourd'hui l'adoption du monométallisme argent.

L'avantage incontestable de ce système serait d'augmenter la circulation monétaire et par là même de donner une nouvelle activité à la production et de faciliter aux débiteurs l'acquittement de leurs dettes par l'abaissement de la valeur de la monnaie.

En effet, en rétablissant la frappe libre de l'argent et en reprenant le franc d'argent comme unité monétaire, le débiteur de 1.000 francs, c'est-à-dire de 1.000 francs d'or, aujourd'hui, pourrait acheter du métal argent, le faire frapper en francs d'argent et

payer en francs d'argent ; or le franc d'or valant
actuellement deux francs d'argent, le débiteur
pourrait avec 500 francs d'or seulement acheter
1.000 francs d'argent et se libérer en bénéficiant
d'un avantage de 50 0/0 (¹).

Les effets du change seraient également atténués,
diminués, si l'argent devenait monnaie internationale:
tous les pays, même les quatre grandes puissances
monométallistes or, ayant une forte circulation
d'argent.

Mais l'inconvénient de ce système apparaît dans le
rôle de l'or. L'or continuerait à circuler comme
instrument d'échange et moyen de paiement sans
aucune valeur déterminée par l'Etat, au prix fixé
par les mercuriales du jour ; c'est là le principal
obstacle à l'établissement du monométallisme argent.
Dans un pays où, depuis vingt siècles, la monnaie
bimétallique est en usage, le public répugnerait à se
servir d'une monnaie qui obligerait, pour de faibles
sommes, à faire des calculs souvent compliqués.

Ce système a pu fonctionner autrefois en Allemagne et en Hollande, mais alors la valeur relative de
l'or et de l'argent était fixée par la loi bimétallique

___

(1) En fait, il se produirait bientôt une hausse de l'argent par
suite de l'augmentation de sa demande et une baisse de l'or
par suite d'une diminution de sa demande. Le rapport de valeur
entre l'or et l'argent actuellement à 32 1 2 tendrait à remonter
à 15 1/2.

française et permettait à l'or et à l'argent de circuler dans un rapport constánt de valeur, sans qu'il fût nécessaire de tenir compte chaque jour des variations de l'un et de l'autre. La situation a bien changé depuis 1873 et les variations brusques de la valeur relative des deux métaux, auxquelles nous assistons, depuis la désorganisation des systèmes européens, seront toujours un obstable sérieux à l'établissement en France de ce système.

Si le monométallisme or est impossible, si le mono- **Le bimétallisme.** métallisme argent présente des difficultés dans la pratique, il reste à examiner le système bimétallique.

Le bimétallisme peut se résumer en deux mots : frappe libre et illimitée de l'or et de l'argent ; pouvoir libératoire illimité accordé à l'or et à l'argent dans un certain rapport fixé par la loi.

Ce n'est pas là une innovation. Dès les temps les plus reculés de l'histoire, chez les Egyptiens, les Hébreux, les Assyriens, il fonctionnait dans toute sa perfection et en France il n'a pas cessé de fonctionner jusqu'en 1873, date de la suspension de la frappe libre de l'argent.

C'est sa suppression qui a amené le renchérissement de la monnaie d'or en tarissant l'une des sources alimentant la circulation monétaire et amené cette baisse générale des prix, cette dépréciation décourageante pour le producteur.

C'est sa suppression qui a doublé injustement les charges des débiteurs au profit des créanciers, amené l'écrasement des uns au profit des autres et la faillite du Portugal, de la Grèce et des Républiques Américaines.

C'est sa suppression qui, en laissant l'or et l'argent suivre toutes les fluctuation du marché et subir les manœuvres des classes financières, a désorganisé les rapports économiques des pays à monnaie différente en amenant une perturbation dans le change international.

Son rétablissement et l'application intégrale de la loi du 17 germinal, an XI, peuvent seuls faire revenir les choses à leur état normal.

Avantages du bimétallisme. La loi du 17 germinal an XI réalise d'ailleurs le seul système monétaire dont le fonctionnement empêche toute variation importante de la valeur de la monnaie et maintient fixe sa fonction la plus importante, celle de mesure de valeur.

La valeur de la monnaie varie comme celle de toutes les autres marchandises, et l'on ne saurait se servir en cette matière de l'expression inexacte d'étalon qui donne une idée de fixité et de stabilité irréalisable dans la pratique.

Dans l'impossibilité de réaliser cette fixité et cette stabilité absolue, tout système monétaire doit tendre à s'en rapprocher, et le meilleur système sera celui qui s'en rapprochera le plus.

Si un seul métal est choisi comme monnaie, les
variations de valeur seront mesurées par le rapport
de l'augmentation ou de la diminution annuelle à la
masse du métal choisi comme monnaie. Si les deux
métaux sont admis à la même fonction, ces variations
seront mesurées par le rapport de l'augmentation ou
de la diminution de la production annuelle de chaque
métal à la masse totale des deux métaux; ces variations seront donc deux fois moindres. De plus, les
variations de production peuvent se faire en sens
inverse et l'histoire monétaire du XIXe siècle en est
un exemple frappant, de sorte que ces variations se
compensent mutuellement et la stabilité désirée est
atteinte dans la mesure du possible.

C'est ainsi que pour éviter les variations des oscil-
lations du pendule, on le construit de tiges de métaux
différents agissant en sens inverse sous l'influence de
la chaleur, afin de maintenir dans un même plan le
centre de gravité du balancier qui se déplacerait sous
l'influence de la température s'il était composé d'un
seul métal.

De même le système bimétallique donnant à l'or et
à l'argent le cours forcé, c'est-à-dire la puissance
libératoire dans une proportion déterminée, atténue
et s'oppose même à toute variation importante de
leur valeur.

Si l'or, pour un motif quelconque hausse de valeur,
si sa puissance d'acquisition vient à augmenter, ceux

qui ont à se libérer préfèrent se libérer en argent, le métal argent sera dès lors plus demandé, l'or le sera moins et les deux métaux tendront à revenir à leur valeur normale.

D'ailleurs si la loi donne la puissance libératoire à l'or et à l'argent dans un rapport fixe soit 15 1/2, si 15 kil. 1/2 d'argent et 1 kil. d'or remplissent la même fonction, procurent les mêmes avantages, la même somme d'utilités, il n'est aucun motif pour que l'un soit plus demandé que l'autre et que leur valeur relative puisse se modifier en un sens ou en l'autre. Et cette valeur relative se maintiendra non seulement dans le pays où ce rapport sera établi mais encore dans les autres nations qui en subiront l'influence, si ce pays du moins a une prépondérance économique suffisante.

Le rôle de la loi bimétallique française de 1785 à 1873. Il suffit pour s'en convaincre de parcourir l'histoire monétaire du XIXᵉ siècle. En 1785 la France adoptait la proposition de Calonne et fixait au rapport de 15 1/2 le pouvoir libératoire de l'or et de l'argent. Tant que la France appliqua son système, ce rapport de 15 1/2 se maintint dans le monde entier. Rien ne put l'altérer.

Les pays à monnaie d'or acceptaient et vendaient les traites sur les nations à monnaie d'argent au prix fixé par le rapport de 15 1/2 entre les deux métaux. Les pays à monnaie d'argent vendaient et achetaient les traites sur les pays à monnaie d'or au pair de change de 15 1/2 fixé par la loi française.

L'Allemagne et les Pays-Bas bien que monométallistes argent, avaient fait frapper des piéces d'or sur lesquelles aucun prix n'était indiqué et qui devaient être acceptées au cours du jour ; les ducats et les frédéricks circulérent toujours en Hollande et en Prusse au rapport de 15 1/2 et il ne vint jamais à l'idée de personne que ces piéces pussent valoir plus ou moins, c'était pour ces pays un rapport naturel que rien ne pouvait altérer.

Vers 1850 on assista à la plus grande révolution métallique qui se soit produite jusqu'à nos jours. Les mines de Californie et d'Australie doublérent la quantité d'or en circulation dans le monde ; la production de 1850 à 1870 monta à 19 milliards, alors qu'en prés de 400 ans de 1450 à 1850 elle n'avait atteint que 15 milliards.

Michel Chevalier annonçait une baisse de plus de 50 0/0 du métal or. Les Pays-Bas crurent au danger et démonétisérent l'or, mais la prophétie de Michel Chevalier ne se réalisa pas.

Cet afflux de métal jaune qui devait effondrer la valeur de l'or échoua devant la loi bimétallique française et le rapport de 15 1/2 se maintint sur l'ancien et le nouveau continent.

15 kil. 1/2 d'argent et 1 kil d'or remplissaient en France les mêmes fonctions légales, procuraient la même somme d'utilités, la même somme de services ; il ne vint jamais à l'idée de personne d'accepter ou de

donner pour 1 kil. d'or plus ou moins de 15 kil. 1/2 d'argent.

En 1857, par suite de la guerre de Sécession des États-Unis, les ports des Etats du Sud furent bloqués ; les nations européennes ne pouvaient y aller cher- cher le coton nécessaire à leurs manufactures. C'est aux Indes et à l'Extrême-Orient c'est-à-dire aux pays à monnaie d'argent qu'ils s'adressèrent.

Il fallut payer en argent : une grande demande de métal blanc se produisit en Europe, malgré cette demande considérable, la valeur de l'argent ne subit aucune hausse, le rapport bimétallique fut maintenu. Les faibles variations qui purent se produire repré- sentaient seulement les frais de conversion et de transport, c'est-à-dire le travail nécessaire à rassem- bler les francs d'or, les échanger en francs d'argent et les envoyer aux Indes.

Tels furent les effets de la législation française. Pendant 100 ans, la France fut la grande *Clearing Mint* du monde fournissant l'argent aux uns, four- nissant l'or aux autres ; pendant près de 100 ans sa loi monétaire fut la grande régulatrice des changes, le compensateur universel. Et c'est cette situation qui, malgré la perte de 5 milliards de l'indemnité allemande, lui permet encore d'occuper aujourd'hui, par sa fortune métallique, le premier rang des nations civilisées.

Il serait certes actuellement imprudent pour la France de revenir seule à la loi de germinal, ayant à lutter contre les Etats de l'Europe et les Etats-Unis, elle risquerait fort de perdre tout son or.

Une convention internationale entre les grandes puissances : la France, l'Angleterre, l'Allemagne et les.Etats-Unis s'impose, et si, jusqu'à présent, les coteries financières ont pu faire échouer tout arrangement international. tout porte à croire que le moment n'est pas loin où les Etats comprendront qu'entre l'intérêt du financier et l'intérêt du producteur, c'est l'intérêt du producteur qui doit primer.

Au commencement de cette année même du 2 au 17 février, les grandes puissances, comme se donnant le mot, manifestaient hautement leurs intentions.

En France, le président du Conseil, aux Etats-Unis le Congrès réuni à Washington, déclaraient que le rétablissement du bimétallisme s'imposait. En Allemagne, le Chancelier et le Ministre des Finances, d'accord avec l'Empereur et une grande majorité du Reischtag faisaient les mêmes déclarations. Et trois mois après, le 22 mai, la Chambre des Députés de Prusse, sur la proposition de M. Otto Arendt, votait un ordre du jour en faveur du bimétallisme international et la Chambre des Seigneurs votait la même proposition.

En Angleterre, la majorité du Parlement déclarait qu'il était de l'intérêt de tous d'entrer dans la même voie et les dernières élections furent faite sur le terrain monétaire.

Au moment de la période électorale on pouvait lire sur les murs des grandes villes la proclamation suivante : *Electeurs, la question du jour qui affecte de la façon la plus vitale les intérêts des salariés est le bimétallisme international. Observez et rappelez-vous l'attitude des candidats parlementaires vis-à-vis de la réforme monétaire... Pour assurer les emplois réguliers et les salaires suffisants, il est indispensable qu'un change fixe entre les monnaies d'or et les pays à circulation d'argent soit immédiatement établi de façon à créer un courant commercial constant et à l'abri des violentes fluctuations du change entre notre pays et les grands marchés de l'Orient... Le seul remède aux maux qui paralysent l'industrie textile est le bimétallisme international. Les électeurs liés à cette industrie et au commerce qui en dépend ne devront voter pour aucun candidat qui ne s'engagera pas à soutenir le bimétallisme.* — Suivent les noms des 24 principales associations ouvrières d'Angleterre.

En France où, jusqu'à ces derniers temps, on s'était peu préoccupé de la question, nous avons assisté à la suite des déclarations du Gouvernement, à la formation d'une grande ligue bimétallique à la tête de laquelle se trouvent MM. Loubet, ancien président du Conseil, Magnin, gouverneur de la Banque de France, M. de Normandie, président du Congrès International de Paris de 1881, ancien gouverneur de la Banque de France, M. Fougeirol député de l'Ardèche, M. Henry Cernuschi, M. Edmoud Théry, directeur de l'*Economiste Européen*, Jules Séverin et Albert Chabry, rédacteurs du *Stentor*, c'est-à-dire tous ceux qui, par leur plume ou par la parole, ont su montrer les funestes conséquences de la politique monétaire de 1873.

Au mois de mars dernier, la Chambre de Commerce de Marseille, imitant celle de Manchester, la patrie de Cobden et du libre échange envoyait, par l'intermédiaire de son président, à M. le Ministre du Commerce, une remarquable délibération dans laquelle elle indiquait les causes de la crise et montrait qu'au lieu de chercher, par des guerres de tarifs, à rendre plus impossible encore les relations internationales, il était préférable de supprimer la cause même du mal, c'est-à-dire la cause monétaire.

De nombreuses chambres de commerce ont suivi son exemple.

Au mois d'août dernier, un grand nombre de Conseils généraux : ceux de l'Eure, de la Drôme, de l'Ain, de la Meuse, du Lot, du Gard, du Pas-de-Calais, du Maine-et-Loire, des Pyrénées-Orientales, ont adressé des vœux au Gouvernement en faveur du rétablissement du bimétallisme.

Telle est donc la situation des esprits en France,
en Angleterre, en Allemagne et aux Etats-Unis; si,
pendant plus d'un siècle, la France a pu, à elle seule,
régulariser et maintenir stable la circulation monétaire du monde entier, à fortiori, les quatre grandes
puissances pourront mieux encore rétablir l'harmo-
nie entre les peuples et assurer cette stabilité qui est
la condition même de la production et de l'échange.

MONSIEUR LE BATONNIER,

Il m'appartient, au nom de mes confrères du stage,
de saluer ici votre réélection au bâtonnat. C'est un
honneur pour nous d'avoir encore cette année à
notre tête un chef éminent et un avocat dont la vie
tout entière est le meilleur exemple que l'on puisse
donner à tous ceux qui entrent dans la carrière du
barreau.

Je tiens surtout, au nom de mes confrères du stage,
à vous exprimer tous nos sentiments de reconnais-
sance pour les marques de sympathie que vous
n'avez cessé de nous témoigner.

C'est là une dette, mais une dette dont il est doux
de m'acquitter.

Durant cette année judiciaire, c'est avec une solli-
citude toute paternelle que vous avez su diriger les

travaux de notre conférence ; vous avez su choisir les
sujets à traiter dans les grandes questions judiciaires
dont l'opinion publique s'est passionnée afin de ne pas
rebuter et d'intéresser même ceux que l'étude d'une
science nouvelle où l'aridité des questions de droit
pure pouvait éloigner de la barre, mais vous avez su
surtout, par vos avis et vos conseils, nous donner
dans une carrière difficile la meilleure règle de notre
conduite et de notre devoir.

Le témoignage d'attachement et de sympathie que
tout dernièrement encore vous avez donné en voulant
encourager et récompenser même les travaux et les
efforts des jeunes avocats perpétuera à jamais au
barreau de Marseille le souvenir de votre passage au
bâtonnat.

MES CHERS CONFRÈRES,

Vous connaissez mes sentiments, est-il besoin de
vous les exprimer? Je vous remercie de l'honneur
que vous m'avez fait en me décernant par vos suf-
frages le titre de lauréat. C'est un honneur que je
dois moins à mes mérites qu'à votre amitié et votre
sympathie; ce sera un motif de plus à ma reconnais-
sance.

ORDRE DES AVOCATS DE MARSEILLE

Extrait des Délibérations du Conseil de Discipline

SÉANCE DU 7 FÉVRIER 1896

Présidence de M⁣ᵉ PLATY-STAMATY, bâtonnier.

La séance est ouverte à 9 heures et demie du matin, sous la présidence de Monsieur le Bâtonnier :

Sont présents : MM⁣ᵉˢ SUCHET, LEGRÉ, ESTRANGIN, anciens bâtonniers ; MM⁣ᵉˢ AUBIN, TALON, NATHAN, et CORTICCHIATO.

. . . .

L'ordre du jour appelle la discussion du rapport de la Commission chargée d'examiner le discours prononcé par M⁣ᵉ BORELLI à la rentrée de la conférence des avocats stagiaires.

« La Commission, sans prendre parti sur les questions économiques
« examinées par l'orateur et la valeur de la réforme proposées par lui,
« estime qu'en égard à ses qualités de forme, au soin et à l'importance
« des recherches dont témoigne ce discours, il y a lieu de proposer au
« conseil d'en voter l'impression aux frais de l'Ordre. »

Cette proposition est adoptée à l'unanimité.

POUR EXTRAIT CONFORME :

Le Secrétaire,
PAUL CORTICCHIATO.

Le Bâtonnier,
PLATY-STAMATY.

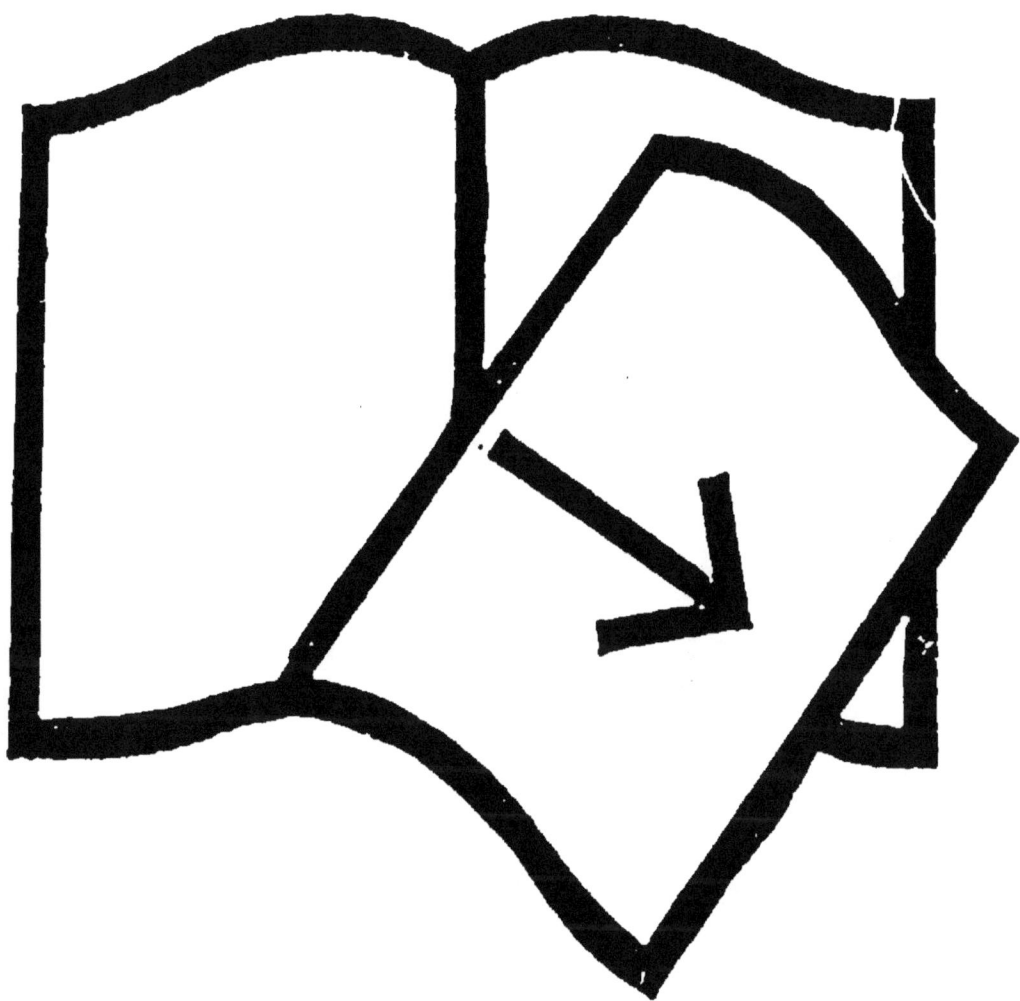

Documents manquants (pages, cahiers...)

NF Z 43-120-13

www.ingramcontent.com/pod-product-compliance
Lightning Source LLC
Chambersburg PA
CBHW031731210326
41519CB00050B/6212